콩나물쌤의 문해력 꽉 잡는

6
학교

그린애플

콩나물쌤의 문해력 꽉 잡는
한자어 수업 6(학교)

초판 1쇄 인쇄 2024년 4월 8일
초판 1쇄 발행 2024년 4월 17일

지은이 전병규
감수 김아미
펴낸이 이범상
펴낸곳 (주)비전비엔피 · 그린애플

책임편집 김혜경
기획편집 차재호 김승희 한윤지 박성아 신은정
디자인 김혜림 최원영 이민선
마케팅 이성호 이병준 문세희
전자책 김성화 김희정 안상희 김낙기
관리 이다정

주소 우) 04034 서울특별시 마포구 잔다리로7길 12 (서교동)
전화 02) 338-2411 | **팩스** 02) 338-2413
홈페이지 www.visionbp.co.kr
인스타그램 https://www.instagram.com/greenapple_vision
포스트 post.naver.com/visioncorea
이메일 gapple@visionbp.co.kr

등록번호 제2021-000029호

ISBN 979-11-92527-49-9 64700
      979-11-92527-12-3 (세트)

추천사

우리말에는 한자어가 많고, 교과서 속 어려운 개념어도 대부분 한자어입니다. 그렇기 때문에 문해력을 높이기 위해서는 한자를 아는 것이 매우 중요합니다. 한자 지식이 있으면 낱말의 뜻을 정확히 이해할 수 있고 학업에도 큰 도움이 됩니다. 그런데 한자 공부는 아이들에게 어렵고 외워야 하는 게 많아 부담스럽습니다. 이 책은 암기의 부담 없이 한자어를 익히면서 추론력, 어휘력, 탐구력까지 덤으로 키우는 구체적인 방법을 담고 있습니다. 문장 표현을 통해 자연스럽게 한자의 뜻을 짐작하고, 실제로 사용하면서 쉽고 재미있게 한자를 익히도록 구성되어 있습니다. 이 책을 통해 꾸준히 한자어를 익히면 모르는 단어를 만나더라도 그 의미를 유추하는 힘을 키울 수 있을 것입니다. 한자 교육의 필요성을 알지만 어떻게 이끌어 줘야 할지 막막한 부모라면 아이에게 이 책을 주세요. 문해력 전문가 전병규 선생님이 알려 주는 노하우를 따라가다 보면 확실히 문해력을 키울 수 있을 것입니다.

오뚝이쌤 윤지영(초등학교 교사, 《엄마의 말 연습》 저자)

저는 어린 시절 다져 놓은 어휘력의 덕을 많이 본 학생이었습니다. 어릴 때 아버지께서 신문 읽기와 한자 공부를 강조하셨던 덕분인데요. 한자를 모두 외워 쓰지는 못했지만, 단어를 보고 이게 어떤 한자어로 조합된 단어인지, 단어의 정확한 의미가 무엇인지 쉽게 파악하고 추론할 수 있었습니다. 이는 국어, 사회 등을 비롯해 모든 과목의 학습에 커다란 무기가 되었습니다. 아직도 한자 공부는 한자 자체를 외워 쓰는 것이라 생각하는 사람이 많은데 이제는 인터넷과 사전이 발달되어 있기에 굳이 아이들이 한자를 모두 외워서 쓸 필요가 없습니다. 그보다는 한자어를 보고 그 의미를 파악하는 역량이 중요합니다. 그 역량은 아이들이 책을 읽을 때도, 학습할 때도 아주 큰 힘이 되어 줄 것입니다. 그런 점에서 이 책은 아이들이 한자어 학습을 쉽게, 동시에 '본질적인' 목적에 맞게 해나갈 수 있도록 도와주고 있습니다. 더불어 그 누구보다 아이들의 문해력과 어휘력 향상에 진심인 콩나물쌤과 함께 우리 학생들이 학습의 본질에 한 걸음 더 다가설 수 있길 바랍니다.

조승우(스몰빅클래스 대표)

영어를 가르치는 사람이지만 대학 때 국어교육도 같이 전공했습니다. 당시 한국 사람이기 때문에 국어가 더 쉬울 거라는 생각이 있었는데, 그것이 얼마나 편협한 생각인지 깨닫는 데는 한 달도 걸리지 않았습니다. 우리말 속의 한 자어를 잘 몰랐기에, 열심히 글을 읽고도 내용이 이해가 되지 않아 많은 시간을 고생했기 때문입니다. 만약 내가 초 등학교, 중학교 때 한자어로 된 어휘를 틈틈이 익혀 왔다면 그 힘든 시간을 좀 더 효율적으로 보내지 않았을까 하고 생각한 적도 있었습니다. 한국에서 살아가는 우리에게 한자어는 비단 공부와 관련된 것만은 아닙니다. 생활 속 어 휘의 60% 이상은 한자어로 이루어져 있기에 결국 한자 문해력을 키우는 것은 생활의 질을 향상시키는 것이 됩니 다. 똑같은 1시간을 공부하고 일해도 남들보다 3~4배 효율을 얻을 수 있다면 어떨까요? 이 책을 통해 매일매일 한 자어의 의미를 추론해 보고, 글을 쓰거나 말할 때 한자어를 활용해 보면서, 자신의 삶을 더욱 풍성하게 만들어 보길 바랍니다.

혼공쌤 허준석(유튜브 혼공TV 운영자)

문해력을 키우는 힘

현대는 정보화 사회입니다. 세상에 존재하는 모든 것이 정보가 되며 세상 모든 곳에 정보가 있지요. 우리는 아침에 눈을 뜨는 순간부터 밤에 잠이 들 때까지 숱한 정보를 접하게 됩니다. 활용할 수 있는 정보가 이토록 넘치지만 모두가 정보를 잘 활용하는 것은 아닙니다. 정보를 읽고 이해해 나에게 필요하고 유용한가를 가려내려면 문해력이 있어야 합니다. 문해력이 부족하면 정보화 사회에 살면서도 정보를 제대로 사용할 수 없습니다. 결국 현대 사회에서 성공적으로 살아가기 힘들지요. 문해력은 21세기를 살아가는 우리 아이들이 반드시 갖추어야 할 능력입니다.

문해력은 성인이 되었을 때나 필요한 능력이 아닙니다. 문해력은 글을 읽고 이해하는 능력인 만큼 학생들에게 중요하고, 문해력에 따라 성적도 달라질 수 있습니다. 문해력은 이해력입니다. 문해력이 높은 아이들은 무엇이든지 잘 배우는 반면 낮은 아이들은 새로운 것을 잘 배우지 못합니다. 똑같은 내용을 똑같은 시간에 똑같은 선생님에게 똑같은 방법으로 배워도 아이마다 배움의 차이가 나는 이유이지요. 문해력은 공부의 도구 같은 겁니다. 날이 무뎌진 도끼로 나무를 벨 수 없듯 무딘 문해력으로는 공부를 잘 해낼 수 없습니다. 그러니 아이의 공부가 신경 쓰인다면 문해력부터 높여야 합니다.

문해력에 가장 큰 영향을 미치는 것은 어휘력입니다. 글은 어휘와 어휘가 연결되어 이루어지기 때문이에요. 모르는 어휘의 개수가 늘어나면 늘어날수록 글을 이해하기가 어렵습니다. 반대로 어휘를 많이 안다면 매우 유리하지요. 다행히 어휘의 중요성은 알지만 안타깝게도

올바른 어휘 학습법은 잘 모르는 경우가 많습니다. 대부분의 어른들이 잘못된 어휘 학습법을 아이에게 가르치고 있어요. 심지어 교육 전문가라고 이름난 분들 중에서도 잘못된 어휘 학습법을 소개하는 경우가 있어요. 그만큼 어휘를 학습하는 올바른 방법에 대한 이해가 부족한 것이 현실입니다.

흔히 쓰는 잘못된 어휘 학습법은 바로 어휘를 사전에 나온 정의대로 외우는 겁니다. 예를 들어 '협약'이라는 단어를 '협상에 의하여 조약을 맺음'이라고 사전에 나온 정의 그대로 외우는 식입니다. 이처럼 정의를 암기하면 어휘에 대한 이해가 전혀 생기지 않습니다. 어휘를 암기해서는 문해력이 늘지 않는 거예요. 어휘의 의미를 제대로 이해한 후 사용해야 진짜 어휘력과 문해력이 늘어납니다. 어휘의 의미를 제대로 이해하려면 먼저 한자를 알아야 해요. 우리말 어휘 중 무려 60%가 한자어이기 때문입니다. 이는 한자를 알면 전체 단어의 3분의 2가량을 쉽게 이해할 수 있다는 뜻입니다. 문해력에서 중요한 어휘의 3분의 2를 한자를 통해 학습할 수 있으니 한자어 학습은 문해력을 높이는 핵심이라고 해도 과언이 아니에요.

이 책은 문해력 전문가인 제가 저희 집 아이들을 가르치기 위해 정리한 내용으로 만들었습니다. 기존의 한자어 교재를 사용하려니 아쉬운 점이 있었기 때문입니다. 시중에 나와 있는 한자 교재는 크게 두 유형으로 나뉩니다. 한자에 초점이 맞춰진 경우와 어휘에 초점이 맞춰진 경우예요. 첫 번째 유형의 경우, 한자 자격증 취득에는 도움이 되겠지만 문해력 발달을 기대하기에는 무리가 있었습니다. 두 번째 유형의 경우 어휘 학습에 초점을 맞추고는 있지만 어휘의 실제적 학습과 사용을 위해 꼭 필요한 요소들이 빠져 있었습니다. 어휘력 발달에 나름 효과가 있겠지만 최고의 효과를 내기에는 아쉬워 보였어요.

그래서 이 책을 쓰게 되었습니다. 이 책은 기존 한자어 교재의 두 가지 문제점을 보완했습니다. 우선 한자 자체보다 어휘력에 초점을 맞추었습니다. 한자를 익히는 것이 아닌 문해력을 키우는 것이 목적이니까요. 또 어휘를 깊고 제대로 이해할 수 있도록 최신 어휘 교육 이론을 따랐습니다. 여기에 초등학교에서 20년간 아이들을 가르치며 이론을 실제로 적용해 본 경험을 고스란히 녹였습니다. 이 책이 어떤 점에서 특별한지, 실제로 어떻게 사용해야 하는지는 바로 다음 내용에 자세히 담았습니다. 교육적 효과를 극대화하기 위해서는 어휘 학습의 원리와 이 책의 활용법을 이해하는 것이 정말 중요합니다. 그러니 다음 내용도 꼭 정독해 주세요.

이 책의 시리즈를 꾸준히 학습하면 다음과 같은 효과를 볼 수 있어요.

✓ 다양한 어휘를 알게 됩니다.
✓ 단어의 뜻을 깊이 이해하게 됩니다.
✓ 모르는 단어의 뜻을 스스로 유추하게 됩니다.
✓ 실제 문장에서 단어를 사용할 수 있게 됩니다.

이 책의 시리즈를 공부하고 나면 어휘를 학습하는 힘이 길러집니다. 이는 단순히 어휘를 몇 개 배우는 것보다 훨씬 중요한 일입니다. 앞으로 수업, 책, TV, 유튜브에서 새로운 단어를 만날 때마다 쉽게 익힐 수 있게 되니까요. 어휘를 습득할 수 있는 힘을 갖추고 나면 수업도 독서도 훨씬 쉬워지고 재미있어질 겁니다. 들으면 이해가 되니까 성적도 자연스럽게 오를 거고요. 《콩나물쌤의 문해력 꽉 잡는 한자어 수업》 시리즈를 통해 여러분 자녀의 문해력을 쑥쑥 키워 주시기 바랍니다.

> **★〈콩나물쌤의 문해력 꽉 잡는 한자어 수업〉은 책마다 주제가 달라요.**
>
> 6권의 주제는 '학교'입니다. 6권에서는 학교와 관련된 한자가 나옵니다. 학, 교, 실, 운, 동, 독, 서, 계, 산 등이 있지요. 그리고 이 한자에서 파생되어 나온 한자어를 배우게 됩니다. 6권을 공부하고 나면 학교와 관련된 많은 한자와 한자어를 익힐 수 있을 겁니다.

이 책으로 아이들을 지도하는 선생님과 학부모님께

어휘력을 키우는
어휘 학습 원리와 이 책의 활용법

콩나물쌤의 강의를 먼저 듣고 공부를 시작하면 이해가 쏙쏙!

QR 코드를 스캔하면 강의 영상을 볼 수 있어요.

어휘력을 높이기 위해서는 먼저 어떻게 어휘를 학습하느냐가 중요합니다. 잘못된 방법으로 학습하면 힘만 들 뿐 실력은 크게 늘지 않습니다. 지금부터 효과를 극대화할 수 있는 올바른 한자어 학습 방법을 알려 드릴게요. 그리고 이것이 이 책의 구성과 어떻게 연결되어 있는지도 소개하겠습니다. 이 부분을 잘 읽고 학습할 때 적용해 보세요.

 어휘 학습 원리 1단계: 어휘를 짐작해 보세요!

새로운 어휘를 처음 만나면 우선 그 뜻을 짐작해 보는 것이 중요해요. 성인은 평균 약 2~3만 개의 어휘를 아는데 이 중 학습을 통해서 알게 되는 어휘는 20% 내외라고 합니다. 대부분의 어휘는 생활 속에서 우연히 알게 돼요. 대화를 하다가 방송을 보다가 책을 읽다가 알게 되지요. 그런데 이럴 때마다 사전을 찾을 수는 없겠지요. 귀찮기도 하고 대화의 흐름이 끊기기 때문이에요. 그래서 모르는 단어를 만나면 먼저 추측을 해야 해요. 무슨 뜻인지 짐작해 보는 겁니다. 그렇게 해야 흐름을 깨지 않고 계속해서 새로운 단어를 배울 수 있습니다. 이 원리에 따라서 다음처럼 첫 번째 페이지를 학습하세요.

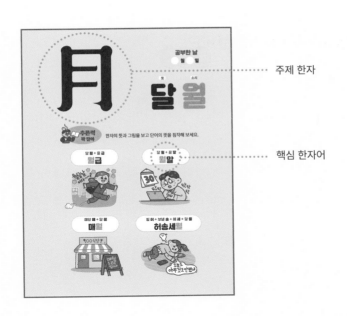

주제 한자

핵심 한자어

첫 페이지에는 우선 주제 한자가 제시됩니다. 오늘은 달 월(月)을 배울 차례군요. 달 월을 세 번 정도 소리 내어 읽어 보세요. 한자는 써 보아도 좋지만 쓰지 않아도 무방합니다. 한자를 배우려는 게 아니니까요. 그 아래 달 월을 사용한 한자어 4개가 나옵니다. 이곳을 학습할 때가 정말 중요합니다. 많은 아이들이 대충 읽고 빨리 넘어가려 할 텐데 그래서는 곤란합니다. 여기서는 한자어를 이루는 한자의 뜻에 주목해야 합니다. '월말'을 볼까요? 월말은 '달 월 + 끝 말'로 이루어져 있어요. 이것을 보고 월말이 무슨 뜻일지 짐작해 봅니다. '한 달의 끝' 정도로 짐작할 수 있겠지요.

짐작이 맞고 틀리는 건 크게 중요하지 않아요. 짐작하면서 뜻을 생각해 보는 경험이 중요해요. 이 책 한 권에는 30개의 주제 한자와 120개의 핵심 한자어가 나와요. 이 120개의 핵심 한자어의 뜻을 짐작하다 보면 아이는 많은 것을 얻게 됩니다. 우선 한자어를 더 잘 이해하게 되지요. '월말'의 정의를 그냥 읽었을 때보다 뜻을 짐작해 본 후 읽으면 더 깊게 이해하게 됩니다. 뜻을 짐작하다 보면 달 월뿐 아니라 끝 말도 익히게 되지요. 마지막으로 단어의 뜻을 유추하는 힘이 커져요. 사실 이것이 가장 중요합니다. 이 책에서 120개, 이 책의 시리즈를 통해 수백 개의 한자어 뜻을 꾸준히 짐작해 보세요. 한자어가 구성되는 원리와 뜻을 짐작하는 방법을 익히게 됩니다. 그러면 앞으로 만나게 될 수천, 수만 개의 새로운 어휘를 학습하는 데 큰 힘이 될 거예요.

어휘 학습 원리 2단계: 예문을 통해 어휘를 이해해 보세요!

어휘에는 숨겨진 면이 많아서 정의만 봐서는 제대로 이해할 수 없습니다. 홀로 있는 단어의 정의만 따로 외워서는 배워도 배운 게 아닙니다. 문장과 떨어져 혼자 있는 단어는 생명력이 없어요. 단어는 반드시 문장 속에서 익혀야 해요. 다시 말해 어휘가 사용된 표현을 자세히 살펴봐야 한다는 뜻입니다. 문장 속에 자연스럽게 녹아든 어휘를 보면서 실제로 어떤 뜻으로 쓰였는지 생각해 보세요.

두 번째 페이지에서는 앞에서 짐작해 본 4개의 단어에 대해 조금 더 자세히 살펴봅니다. 우선 뜻이 나와 있습니다. 스스로 짐작한 뜻과 책에서 제시한 뜻을 비교해 보세요. 달 월, 끝 말이라는 두 한자가 만나 월말이라는 한자어가 되었을 때 어떤 뜻이 되는지 생각해 봅니다. 단지 뜻을 확인하는 게 중요한 것이 아니라 어떻게 이런 뜻이 되는지 이해하려고 생각해 보는 게 중요합니다. 바로 아래에는 단어가 사용된 표현이 2개씩 나옵니다. 이 예문을 소리 내어 읽어 보세요. 단어가 실제로 어떻게 사용되는지 느껴 봅니다.

 어휘 학습 원리 3단계: **어휘를 사용해 보세요!**

어휘를 짐작하고 문장 속에서 이해했다면 다음으로 직접 사용해 보아야 합니다. 단어가 사용된 문장을 보는 것을 넘어 내가 직접 말하거나 쓰면서 사용하는 겁니다. 직접 단어를 사용해 보면 단어가 더 잘 기억납니다. 똑같은 말이라도 다른 사람이 한 말보다 내가 한 말을 더 잘 기억하기 때문입니다. 또 단어 사용이 좀 더 정확해집니다. 외국인이나 아이들은 단어를 좀 이상하게 사용하는 경우가 많아요. 단어는 알지만 실제로 어떻게 사용해야 하는지 잘 모르기 때문입니다. 이런 문제를 개선하려면 단어를 많이 사용하면서 틀리고 수정하는 과정을 거쳐야 합니다. 일단 사용하고 틀린 후 고쳐 나가야 하니 틀리는 것에 연연하면 안 됩니다.

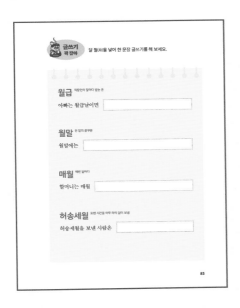

세 번째 페이지에서는 글쓰기를 합니다. 앞에서 배운 4개의 단어를 이용해 나만의 글쓰기를 해 보세요. 아이들의 수준을 고려해 문장의 일부를 제시하고 이어 쓰도록 하였습니다. 우선은 빈칸을 채워 봅니다. 혹시 가능하다면 완전히 새로운 문장을 써 보세요. 제시된 글쓰기 아래에 한 줄 정도 공간이 있으니 여기에 써 보면 됩니다. 다시 강조하지만 틀리는 건 좋은 일입니다. 실수하고 틀리면서 배우니까요. 아이가 틀렸을 때 틀렸다고 혼내지 말고 '잘못된 방식을 하나 발견했구나' 하고 생각하세요. 부드러운 분위기에서 웃으면서 올바른 방식을 알려 주세요.

✏️ 어휘 학습 원리 4단계: 어휘에 관심을 가져 보세요!

어휘력이 풍부한 사람은 예외 없이 단어에 관심이 많아요. 생소한 단어를 만나면 찾아보고 그 활용에 대해 생각해 보지요. 풍부한 어휘력을 갖추려면 평소 어휘에 관심을 갖는 것이 중요합니다. 말놀이처럼 재미있는 방식으로 아이가 어휘에 관심을 가지도록 해 보세요. 또 유사한 어휘를 구분해 보는 것도 좋아요.

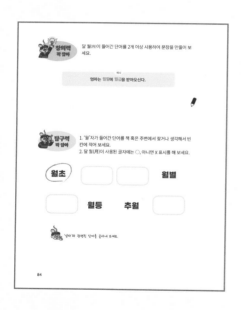

네 번째 페이지의 시작은 '창의력 꽉 잡아'입니다. 여기서는 핵심 한자어를 2개 이상 사용하여 한 문장으로 글을 씁니다. 달 월에서 배운 주제 단어는 월급, 월말, 매월, 허송세월입니다. 이 중 2개를 한 문장 안에서 사용하는 거예요. '창의력 꽉 잡아'는 말놀이와 글쓰기를 결합한 활동이에요. 어휘를 재미있게 사용하면서 어휘력과 어휘에 대한 관심을 동시에 높여 줍니다. 두 단어를 한 문장 안에서 연결해 사용하라는 제한이 아이의 창의력을 높여 주지요.

'탐구력 꽉 잡아'에서는 배우지 않은 새로운 단어를 탐색해 봅니다. 이번 주제 한자는 月(달 월)이잖아요? 그래서 달 월이 들어간 단어 2개, 달 월이 아닌 다른 뜻의 '월'이 들어간 단어 2개, 그리고 빈칸 4개를 제시했어요. 우선 제시된 4개의 단어에서 달 월이 사용된 단어와 그렇지 않은 단어를 구분해 보세요. 이를 통해 '월'이라고 해서 모두 '달 월'의 뜻으로 쓰인 게 아니라 또 다른 뜻의 월이 있다는 걸 알게 됩니다. 이후에는 월이 들어간 4개의 새로운 단어를 찾아보세요. 사전을 찾아볼 수도 있고 가족과 함께 찾아보아도 좋아요. 책을 읽거나 길을 걷다가 간판에서 찾게 될 수도 있지요. 모두 제시하지 않고 빈칸으로 남겨둔 것은 단어에 관심을 갖도록 하기 위해서입니다. 일상생활에서 이렇게 단어를 찾다 보면 '단어 의식word consciousness'이 높아져요. 단어 의식이 높아지면 어휘를 학습하지 않는 일상의 모든 순간에도 어휘력이 계속해서 성장할 수 있습니다.

차례

1주차

뜻　소리
배울 학

 추론력 꽉 잡아

한자의 뜻과 그림을 보고 단어의 뜻을 짐작해 보세요.

배울 학 + 학교 교
학교

배울 학 + 사람 생
학생

놓을 방 + 배울 학
방학

가르칠 교 + 배울 학 + 서로 상 + 길 장
교학상장

 배울 학(學)이 숨어 있는 단어를 알아봅시다.

학교
배울 학 + 학교 교

뜻

학생들을 가르치는 교육기관

표현1 나는 초등학교에 다니고 있다.

표현2 아빠는 회사로 동생은 학교로 갔다.

학생
배울 학 + 사람 생

뜻

배우는 사람
학교에 다니면서 공부하는 사람

표현1 학생은 열심히 공부해야 한다.

표현2 학생들이 떡볶이를 사 먹고 있다.

방학
놓을 방 + 배울 학

뜻

배움을 잠시 놓음
학교에서 학기를 마치고 쉬는 기간

표현1 이번 방학에는 무엇을 할까?

표현2 여름방학 동안 외국으로 여행을 다녀왔다.

교학상장
가르칠 교 + 배울 학 + 서로 상 + 길 장

뜻

가르치고 배우면서 함께 성장함

표현1 친구를 가르쳐 주다 보면 교학상장 할 수 있다.

표현2 스승과 제자가 교학상장하니 참 보기가 좋다.

 배우는 사람뿐 아니라 가르치는 사람도 함께 성장한다는 의미입니다.

 **글쓰기 꽉 잡아** 배울 학(學)을 넣어 한 문장 글쓰기를 해 보세요.

학교 학생들을 가르치는 교육기관

우리 학교 앞에는

학생 배우는 사람

옛날에는

방학 학교에서 학기를 마치고 쉬는 기간

방학이 끝나가서

교학상장 가르치고 배우면서 함께 성장함

교학상장 하려면

배울 학(學)이 들어간 단어를 2개 이상 사용하여 문장을 써 보세요.

예시

학생들이 삼삼오오 학교에서 나오고 있다.

1. 단어에 '학'이 들어간 경우를 책 혹은 주변에서 찾아 빈칸에 써 보세요.
2. 배울 학(學)이 사용된 단어에는 ○, 아니면 X를 표시해 보세요.

학습
(배우고 익힘)

학망
(학처럼 목을 빼고 간절히 바람)

학업
(공부하여
학문을 닦는 일)

학무
(학처럼 추는 춤)

동물 '학'과 관련된 단어를 골라내 보세요.

校

뜻   소리
학교 교

추론력
꽉 잡아

한자의 뜻과 그림을 보고 단어의 뜻을 짐작해 보세요.

학교 교 + 대문 문
교문

학교 교 + 옷 복
교복

아래 하 + 학교 교
하교

처음 초 + 등급 등 + 배울 학 + 학교 교
초등학교

 어휘력 꽉 잡아

학교 교(校)가 숨어 있는 단어를 알아봅시다.

교문
학교 교 + 대문 문

뜻

학교의 문

표현1 교문 앞에서 기다릴게.

표현2 우리 학교에는 교문이 두 개다.

교복
학교 교 + 옷 복

뜻

학교에서 학생들이 입도록 정한 옷

표현1 초등학생은 교복을 입지 않는다.

표현2 언니 교복이 예뻐서 입어보고 싶었다.

하교
아래 하 + 학교 교

뜻

학교 아래로 나옴
학교를 마치고 돌아옴

표현1 하교 시간에 맞춰 엄마가 오셨다.

표현2 하교하면서 동생 데리고 오렴.

초등학교
처음 초 + 등급 등 + 배울 학 + 학교 교

뜻

어린이가 처음으로 다니게 되는 학교

표현1 내 동생은 올해 초등학교에 입학한다.

표현2 초등학교를 졸업하면 중학교에 간다.

 '하교'의 반대말은 '등교'입니다.

 글쓰기 꽉 잡아

학교 교(校)를 넣어 한 문장 글쓰기를 해 보세요.

교문 학교의 문

교문을 들어서면

교복 학교에서 학생들이 입도록 정한 옷

교복을 입지 않아

하교 학교를 마치고 돌아옴

오늘은

초등학교 어린이가 처음으로 다니게 되는 학교

만약

 **창의력 꽉 잡아** 학교 교(校)가 들어간 단어를 2개 이상 사용하여 문장을 써 보세요.

예시

교복을 입은 학생들이 교문 밖으로 나오기 시작했다.

 **탐구력 꽉 잡아**

1. 단어에 '교'가 들어간 경우를 책 혹은 주변에서 찾아 빈칸에 써 보세요.
2. 학교 교(校)가 사용된 단어에는 ○, 아니면 X를 표시해 보세요.

전교
(학교 전체)

교류
(서로 섞임)

교체
(서로 바꿈)

교가
(학교를 상징하는 노래)

 '사귀고 섞이고 바뀌는 것'과 관련된 단어를 골라내 보세요.

教

뜻 **가르칠** 소리 **교**

추론력 꽉 잡아

한자의 뜻과 그림을 보고 단어의 뜻을 짐작해 보세요.

가르칠 교 + 기를 육
교육

가르칠 교 + 스승 사
교사

가르칠 교 + 될 화
교화

돌이킬 반 + 낯 면 + 가르칠 교 + 스승 사
반면교사

가르칠 교(敎)가 숨어 있는 단어를 알아봅시다.

교육
가르칠 교 + 기를 육

뜻

가르쳐서 인격을 길러줌

표현 1 사람답게 행동하려면 교육을 받아야 한다.

표현 2 가정 교육을 받지 않아 말과 행동이 거칠다.

교사
가르칠 교 + 스승 사

뜻

자격을 갖추고 학교에서 학생을 가르치는 스승

표현 1 누나는 교사가 되기 위해 열심히 공부했다.

표현 2 나는 초등학교 교사가 꿈이다.

교화
가르칠 교 + 될 화

뜻

가르쳐서 좋은 방향으로 나아가게 함

표현 1 그는 범죄자를 교화하는 일을 한다.

표현 2 불량 학생을 교화하고자 노력했다.

반면교사
돌이킬 반 + 낯 면 + 가르칠 교 + 스승 사

뜻

부정적인 면을 통해 깨달음을 주는 사람이나 사물

표현 1 이번 일을 반면교사 삼아야 한다.

표현 2 게으른 사람들을 반면교사로 삼아 열심히 일했다.

 '저렇게 하면 안되겠구나'하고 알려주는 것이 바로 반면교사입니다.

 가르칠 교(敎)를 넣어 한 문장 글쓰기를 해 보세요.

교육 가르쳐서 인격을 길러줌

교육을 받을 때는 [　　　　　　　　　　]

교사 자격을 갖추고 학교에서 학생을 가르치는 스승

내가 교사가 된다면 [　　　　　　　　　　]

교화 가르쳐서 좋은 방향으로 나아가게 함

교화를 할 때는 [　　　　　　　　　　]

반면교사 부정적인 면을 통해 깨달음을 주는 사람이나 사물

그는 [　　　　　　　　　　]

창의력 꽉 잡아

가르칠 교(敎)가 들어간 단어를 2개 이상 사용하여 문장을 써 보세요.

예시

교사는 학생들을 **교육**하는 일을 하는 사람이다.

탐구력 꽉 잡아

1. 단어에 '교'가 들어간 경우를 책 혹은 주변에서 찾아 빈칸에 써 보세요.
2. 가르칠 교(敎)가 사용된 단어에는 ○, 아니면 X를 표시해 보세요.

교대
(초등교사를 기르는
교육대학)

교생
(교사가 되기 위해 학교에서
실습 중인 학생)

대교
(큰 다리)

교량
(강을 건널 수 있게
만든 다리)

'건너는 다리'와 관련된 단어를 골라내 보세요.

室

뜻
집

소리
실

추론력 꽉 잡아 한자의 뜻과 그림을 보고 단어의 뜻을 짐작해 보세요.

가르칠 교 + 집 실
교실

집 실 + 안 내
실내

이런 날씨엔 실내에 있어야지.

물러날 퇴 + 집 실
퇴실

1207

잘 침 + 집 실 + 어조사 지 + 근심 우
침실지우

걱정 걱정 걱정 걱정

★ '집 가'의 '집'은 가정을, '집 실'의 '집'은 건물을 뜻합니다.

 **어휘력 꽉 잡아** 집 실(室)이 숨어 있는 단어를 알아봅시다.

교실
가르칠 교 + 집 실

뜻

교육이 이루어지는 방

표현 1 　교실에는 많은 아이들이 있었다.

표현 2 　선생님이 교실로 들어오셨다.

실내
집 실 + 안 내

뜻

집 안, 건물 안

표현 1 　실내가 더워 에어컨을 켰다.

표현 2 　실내에서는 뛰어다니면 안된다.

퇴실
물러날 퇴 + 집 실

뜻

집에서 물러남
방에서 나감

표현 1 　호텔은 보통 11시까지 퇴실해야 한다.

표현 2 　퇴실하기 전에 물건을 꼼꼼히 챙겨
　　　　야 한다.

침실지우
잘 침 + 집 실 + 어조사 지 + 근심 우

뜻

잠자는 방에서 하는 걱정
자기 분수에 넘치는 일을 걱정함

표현 1 　우리가 대학생 형을 걱정하는 것은
　　　　침실지우다.

표현 2 　침실지우는 그만두고 지금 할 일을
　　　　하자.

 중국 노나라의 한 노인이 침실에서 나라를
걱정하였다는 데서 나온 말입니다.

집 실(室)을 넣어 한 문장 글쓰기를 해 보세요.

교실 교육이 이루어지는 방

어제는

실내 집 안, 건물 안

실내 공기가

퇴실 방에서 나감

퇴실을 하려면

침실지우 자기 분수에 넘치는 일을 걱정함

침실지우를 멈추려면

창의력 꽉 잡아 집 실(室)이 들어간 단어를 2개 이상 사용하여 문장을 써 보세요.

예시

교실에서는 실내 공기 오염을 측정하고 있었다.

탐구력 꽉 잡아

1. 단어에 '실'이 들어간 경우를 책 혹은 주변에서 찾아 빈칸에 써 보세요.
2. 집 실(室)이 사용된 단어에는 ○, 아니면 X를 표시해 보세요.

온실
(식물을 기르기 위해
따뜻하게 만든 방)

실점
(점수를 잃음)

상실
(어떤 것이
없어지거나 사라짐)

병실
(병을 치료하기 위해
환자가 머무는 방)

'잃어버리는 것'과 관련된 단어를 골라내 보세요.

運 ^뜻옮길 ^{소리}운

 추론력 꽉 잡아

한자의 뜻과 그림을 보고 단어의 뜻을 짐작해 보세요.

옮길 운 + 움직일 동
운동

옮길 운 + 구를 전
운전

옮길 운 + 옮길 반
운반

배 항 + 빌 공 + 옮길 운 + 보낼 송
항공운송

 **어휘력 꽉 잡아** 옮길 운(運)이 숨어 있는 단어를 알아봅시다.

운동
옮길 운 + 움직일 동

뜻
건강을 위해 몸을 움직이는 일

표현 1 건강하려면 꾸준히 운동을 해야 한다.

표현 2 시합 전에 준비 운동을 하고 있다.

운전
옮길 운 + 구를 전

뜻
차나 기계를 굴려 움직이는 일

표현 1 사고가 나지 않게 안전 운전해야 한다.

표현 2 음주 운전은 절대 해서는 안 된다.

운반
옮길 운 + 옮길 반

뜻
물건을 탈것에 실어서 옮김

표현 1 깨지기 쉬우니 운반할 때 주의하렴.

표현 2 사고 난 차를 트럭에 실어 운반하고 있었다.

항공운송
배 항 + 빌 공 + 옮길 운 + 보낼 송

뜻
비행기로 사람이나 짐을 옮기는 일

표현 1 항공운송은 빠르다는 장점이 있다.

표현 2 항공운송은 비용이 많이 드는 편이다.

 비행기로 보내면 항공운송, 배로 보내면 해상 운송이라고 합니다.

옮길 운(運)을 넣어 한 문장 글쓰기를 해 보세요.

운동 건강을 위해 몸을 움직이는 일

여러 운동 중에

운전 차나 기계를 굴려 움직이는 일

내가 운전한다면

운반 물건을 탈것에 실어서 옮김

운반 중에 그만

항공운송 비행기로 사람이나 짐을 옮기는 일

미국에서

창의력 꽉 잡아 옮길 운(運)이 들어간 단어를 2개 이상 사용하여 문장을 써 보세요.

예시
값비싼 도자기가 중국에서 항공운송을 통해 운반되었다.

탐구력 꽉 잡아

1. 단어에 '운'이 들어간 경우를 책 혹은 주변에서 찾아 빈칸에 써 보세요.
2. 옮길 운(運)이 사용된 단어에는 ○, 아니면 X를 표시해 보세요.

운수
(여객이나 화물을 나르는 일)

운임
(운반의 대가로 받는 돈)

운집
(구름처럼 많이 모임)

청운
(푸른 구름처럼 높은 명예, 벼슬)

 '구름'과 관련된 단어를 골라내 보세요.

1주 차 복습

콩나물쌤의 강의를 먼저 듣고 공부를 시작하면 이해가 쏙쏙!

QR 코드를 스캔하면 강의 영상을 볼 수 있어요.

1. 다음 어휘를 보고 그 뜻으로 알맞은 것을 골라 선으로 연결하세요.

학교 ●   ● 학생들을 가르치는 교육기관

교복 ●   ● 가르쳐서 좋은 방향으로
                      나아가게 함

교화 ●   ● 건강을 위해 몸을 움직이는 일

침실지우 ●   학교에서 학생들이
                    입도록 정한 옷

운동 ●   ● 자기 분수에 넘치는 일을 걱정함

2. 다음 뜻을 가진 어휘를 쓰세요.

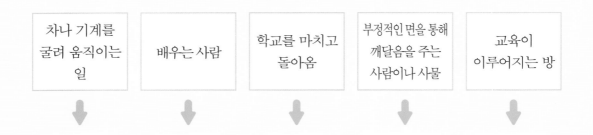

| 차나 기계를 굴려 움직이는 일 | 배우는 사람 | 학교를 마치고 돌아옴 | 부정적인 면을 통해 깨달음을 주는 사람이나 사물 | 교육이 이루어지는 방 |

3. 다음의 뜻이 되도록 보기에서 알맞은 한자어를 골라 쓰세요.

보기   가르칠 **교**, 배울 **학**, 집 **실**, 옮길 **운**, 학교 **교**

1) 건물 안 ➡ [   ] + 안 **내**

2) 물건을 탈것에 실어서 옮김 ➡ [   ] + 옮길 **반**

3) 배움을 잠시 놓음 ➡ 놓을 **방** + [   ]

4) 어린이가 처음으로 다니게 되는 학교 ➡ 처음 **초** + 등급 **등** + 배울 **학** + [   ]

5) 가르쳐서 인격을 길러줌 ➡ [   ] + 기를 **육**

4. 다음 어휘를 이용해 한 문장 글쓰기를 해 보세요.

교사

➡ _____

퇴실

➡ _____

항공운송

➡ _____

교학상장

➡ _____

교문

➡ _____

2주 차

動 움직일 ^뜻 동 ^{소리}

 **추론력 꽉 잡아**

한자의 뜻과 그림을 보고 단어의 뜻을 짐작해 보세요.

움직일 동 + 만물 물
동물

움직일 동 + 지을 작
동작

일할 노 + 움직일 동
노동

굳을 확 + 굳을 고 + 아닐 부 + 움직일 동
확고부동

반드시 해낸다!

 움직일 동(動)이 숨어 있는 단어를 알아봅시다.

동물
움직일 동 + 만물 물

뜻

살아서 스스로 움직이며
생활하는 만물

표현1 세상에는 다양한 동물이 살고 있다.

표현2 동물원에서 사자를 볼 수 있었다.

동작
움직일 동 + 지을 작

뜻

몸을 움직이거나 움직여서 만든 모양

표현1 발레에는 다양한 동작이 있다.

표현2 동작을 크게 해야 멋져 보인다.

노동
일할 노 + 움직일 동

뜻

몸을 움직여 일함

표현1 땀 흘려 노동하니 보람차다.

표현2 노동 시간이 너무 길어 피곤하다.

확고부동
굳을 확 + 굳을 고 + 아닐 부 + 움직일 동

뜻

굳고 또 굳어 움직임이 없음
튼튼하고 굳어 흔들림이 없음

표현1 가수가 되겠다는 나의 생각은 확고
부동하다.

표현2 확고부동한 생각을 가져야 꿈을 이
룰 수 있다.

움직일 동(動)을 넣어 한 문장 글쓰기를 해 보세요.

동물 살아서 스스로 움직이며 생활하는 만물

동물 중에는

동작 몸을 움직이거나 움직여서 만든 모양

멋진 동작을 하자

노동 몸을 움직여 일함

노동을 할 때는

확고부동 튼튼하고 굳어 흔들림이 없음

그는

창의력 꽉 잡아

움직일 동(動)이 들어간 단어를 2개 이상 사용하여 문장을 써 보세요.

예시

동물별로 각자 지을 수 있는 동작은 다양하다.

탐구력 꽉 잡아

1. 단어에 '동'이 들어간 경우를 책 혹은 주변에서 찾아 빈칸에 써 보세요.
2. 움직일 동(動)이 사용된 단어에는 ○, 아니면 X를 표시해 보세요.

부동
(움직이지 않음)

동등
(등급이 같음)

동갑
(나이가 같은 사람)

가동
(기계를 움직여
일하게 함)

'같은 것'과 관련된 단어를 골라내 보세요.

場 ^뜻마당 ^{소리}장

 추론력 꽉 잡아

한자의 뜻과 그림을 보고 단어의 뜻을 짐작해 보세요.

마당 장 + 곳 소
장소

장인 공 + 마당 장
공장

물러날 퇴 + 마당 장
퇴장

찰 만 + 마당 장 + 한 일 + 이를 치
만장일치

★ '마당 장'은 마당뿐 아니라 다양한 장소를 뜻할 때 사용됩니다.

 마당 장(場)이 숨어 있는 단어를 알아봅시다.

장소
마당 장 + 곳 소

뜻

무슨 일이 벌어지는 곳

표현1 공놀이는 안전한 장소에서 해야 해.

표현2 좀 더 조용한 장소를 찾아보자.

공장
장인 공 + 마당 장

뜻

근로자가 물건을 만드는 장소

표현1 공장에서 많은 사람이 일하고 있다.

표현2 공장 안은 기계 소리로 매우 시끄러웠다.

퇴장
물러날 퇴 + 마당 장

뜻

어떤 장소에서 물러남

표현1 반칙을 해서 선수가 퇴장당했다.

표현2 배우가 무대에서 퇴장했다.

만장일치
찰 만 + 마당 장 + 한 일 + 이를 치

뜻

모인 사람의 의견이 하나로 일치함

표현1 바다 여행을 가기로 만장일치로 결정했다.

표현2 반대 의견이 있어 만장일치가 되지 않았다.

 '퇴장'의 반대말은 '입장'입니다.

 마당 장(場)을 넣어 한 문장 글쓰기를 해 보세요.

장소 무슨 일이 벌어지는 곳

공원은 [   ] 장소다.

공장 근로자가 물건을 만드는 장소

우리 공장에서는 [   ]

퇴장 어떤 장소에서 물러남

퇴장당한 이유는 [   ]

만장일치 모인 사람의 의견이 하나로 일치함

[   ] 만장일치로 결정했다.

창의력
꽉 잡아

마당 장(場)이 들어간 단어를 2개 이상 사용하여 문장을 써 보세요.

예시

퇴장하기로 만장일치로 결정하였다.

_____

탐구력
꽉 잡아

1. 단어에 '장'이 들어간 경우를 책 혹은 주변에서 찾아 빈칸에 써 보세요.
2. 마당 장(場)이 사용된 단어에는 ○, 아니면 X를 표시해 보세요.

광장
(많은 사람이 모일
수 있는 빈 터)

목장
(소, 말, 양 따위를
기르는 곳)

문장
(글을 이루는 하나의 단위)

도장
(이름을 새겨 본인을
확인할 때 찍는 물건)

'글'과 관련된 단어를 골라내 보세요.

席 자리 ^뜻 석 ^{소리}

추론력 꽉 잡아

한자의 뜻과 그림을 보고 단어의 뜻을 짐작해 보세요.

날 출 + 자리 석
출석

빠질 결 + 자리 석
결석

자리 좌 + 자리 석
좌석

앉을 좌 + 아닐 불 + 편안 안 + 자리 석
좌불안석

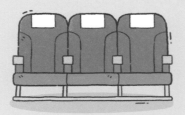

★ '자리'는 사람이나 물체가 차지하고 있는 공간을 뜻합니다.

 **어휘력 꽉 잡아**

자리 석(席)이 숨어 있는 단어를 알아봅시다.

출석
날 출 + 자리 석

뜻

어떤 자리에 나가서 참석함

표현1 선생님은 출석을 확인하셨다.

표현2 오늘은 반드시 출석해야 한다.

결석
빠질 결 + 자리 석

뜻

나가야 할 자리에 나가지 않음

표현1 혹시 결석한 사람 있나요?

표현2 1년 동안 하루도 결석하지 않았다.

좌석
자리 좌 + 자리 석

뜻

앉을 수 있게 마련된 자리

표현1 비행기를 탈 때 창가 좌석에 앉았다.

표현2 버스에 좌석이 없어 서서 갔다.

좌불안석
앉을 좌 + 아닐 불 + 편안 안 + 자리 석

뜻

자리에 앉아 있어도 편하지 않음
마음이 불안해 가만히 있지 못함

표현1 합격 발표를 앞두고 형은 좌불안석이었다.

표현2 일어났다 앉았다 좌불안석하고 있다.

 자리 석(席)을 넣어 한 문장 글쓰기를 해 보세요.

출석 어떤 자리에 나가서 참석함

몹시 아파서

결석 나가야 할 자리에 나가지 않음

한 번만 더 결석을 한다면

좌석 앉을 수 있게 마련된 자리

좌석에서 일어나

좌불안석 마음이 불안해 가만히 있지 못함

좌불안석하느라

자리 석(席)이 들어간 단어를 2개 이상 사용하여 문장을 써 보세요.

예시

출석하지 않으면 결석으로 처리된다.

_____

1. 단어에 '석'이 들어간 경우를 책 혹은 주변에서 찾아 빈칸에 써 보세요.
2. 자리 석(席)이 사용된 단어에는 ○, 아니면 X를 표시해 보세요.

공석
(사람이 앉지 않아 비어 있는 자리)

특석
(특별히 준비한 좌석)

석별
(헤어짐을 아쉬워하고 애틋하게 여김)

석패
(적은 점수 차로 아깝게 짐)

'아쉬움'과 관련된 단어를 골라내 보세요.

紙 ^뜻종이 ^{소리}지

추론력 꽉 잡아 한자의 뜻과 그림을 보고 단어의 뜻을 짐작해 보세요.

흰 백 + 종이 지
백지

걸 표 + 종이 지
표지

미운오리 새끼

소식 편 + 종이 지
편지

거짓 위 + 지을 조 + 종이 지 + 화폐 폐
위조지폐

○○에게
○○야 안녕?
그동안 잘지냈어?
날씨가 많이 따뜻해
져서 좋아. 거긴 날씨가
어때? 방학하면 꼭
놀러갈게. 빨리 방학
이 오면 좋겠다.

오만원
50000

 어휘력 꽉 잡아

종이 지(紙)가 숨어 있는 단어를 알아봅시다.

백지
흰 백 + 종이 지

뜻

흰 종이
아무것도 쓰지 않은 종이

표현1 백지장도 맞들면 낫다.

표현2 답을 몰라 백지로 낼 수밖에 없었다.

표지
겉 표 + 종이 지

뜻

겉면의 종이
책의 맨 앞뒤 겉장

표현1 표지에는 멋진 그림이 그려져 있다.

표현2 국물을 쏟아 표지가 더럽혀졌다.

편지
소식 편 + 종이 지

뜻

소식을 전하는 종이

표현1 요즘에는 편지를 쓰는 사람이 거의 없다.

표현2 편지를 써 친구에게 주었다.

위조지폐
거짓 위 + 지을 조 + 종이 지 + 화폐 폐

뜻

거짓으로 지어 만든 종이돈
진짜처럼 보이게 만든 가짜 종이돈

표현1 위조지폐를 만들면 엄하게 처벌받는다.

표현2 이 돈은 위조지폐로 의심된다.

 돈에는 종이로 만든 지폐와 금속으로 만든 동전이 있습니다.

종이 지(紙)를 넣어 한 문장 글쓰기를 해 보세요.

백지 아무것도 쓰지 않은 종이

백지가 필요하다.

표지 책의 맨 앞뒤 겉장

그 책 표지에는

편지 소식을 전하는 종이

어버이날

위조지폐 거짓으로 지어 만든 종이돈

범인은

창의력 꽉 잡아 종이 지(紙)가 들어간 단어를 2개 이상 사용하여 문장을 써 보세요.

예시

위조지폐를 만든 범인이 편지를 남겼다.

1. 단어에 '지'가 들어간 경우를 책 혹은 주변에서 찾아 빈칸에 써 보세요.
2. 종이 지(紙)가 사용된 단어에는 ○, 아니면 X를 표시해 보세요.

폐지
(쓰고 버린 종이)

벽지
(건물 벽에 바르는 종이)

지성
(사물을 알고
판단하는 능력)

지식
(배워서 알게 된 내용)

 '아는 것'과 관련된 단어를 골라내 보세요.

賞

뜻   소리
상줄 상

추론력 꽉 잡아

한자의 뜻과 그림을 보고 단어의 뜻을 짐작해 보세요.

상줄 상 + 문서 장
상장

들 입 + 상줄 상
입상

상줄 상 + 돈 금
상금

달 현 + 상줄 상 + 손 수 + 나눌 배
현상수배

 상줄 상(賞)이 숨어 있는 단어를 알아봅시다.

상장
상줄 상 + 문서 장

뜻

상을 줄 때 함께 주는 증서

표현1 　선생님이 상장을 들고 들어오셨다.

표현2 　아버지는 상장을 벽에 다셨다.

입상
들 입 + 상줄 상

뜻

상을 탈 수 있는 등수 안에 듦

표현1 　과학 발명품 대회에서 입상했다.

표현2 　입상하려면 90점 이상 받아야 한다.

상금
상줄 상 + 돈 금

뜻

상으로 주는 돈

표현1 　대회에서 우승하면 상금을 받을 수 있다.

표현2 　이번 대회에 큰 상금이 걸렸다.

현상수배
달 현 + 상줄 상 + 손 수 + 나눌 배

뜻

범인을 잡기 위해 상금을 걸어 수사망을 펼침

표현1 　현상수배가 되면 범인의 얼굴이 공개된다.

표현2 　현상수배가 되자 더 이상 도망가기 어려워졌다.

 범인을 잡기 어려울 때 얼굴을 공개하고 상금을 거는 것을 현상수배라고 합니다.

상줄 상(賞)을 넣어 한 문장 글쓰기를 해 보세요.

상장 상을 줄 때 함께 주는 증서

상장을 받는다면 ⸽   ⸽

입상 상을 탈 수 있는 등수 안에 듦

입상하지 못해 ⸽   ⸽

상금 상으로 주는 돈

상금을 받아서 ⸽   ⸽

현상수배 범인을 잡기 위해 상금을 걸어 수사망을 펼침

도둑은 ⸽   ⸽

상줄 상(賞)이 들어간 단어를 2개 이상 사용하여 문장을 써 보세요.

예시

현상수배범을 신고해서 잡으면 상금을 받을 수 있었다.

1. 단어에 '상'이 들어간 경우를 책 혹은 주변에서 찾아 빈칸에 써 보세요.

2. 상줄 상(賞)이 사용된 단어에는 ○, 아니면 X를 표시해 보세요.

상벌
(상 혹은 벌을 주는 것)

상인
(물건 파는 일을 하는 사람)

상점
(물건을 파는 가게)

대상
(대회에서 가장 큰 상)

'물건 파는 것'과 관련된 단어를 골라내 보세요.

2주 차 복습

콩나물쌤의 강의를 먼저 듣고 공부를 시작하면 이해가 쏙쏙!

QR 코드를 스캔하면 강의 영상을 볼 수 있어요.

1. 다음 어휘를 보고 그 뜻으로 알맞은 것을 골라 선으로 연결하세요.

동물 ● ● 진짜처럼 보이게 만든 가짜 종이돈

공장 ● ● 앉을 수 있게 마련된 자리

좌석 ● ● 상을 줄 때 함께 주는 증서

위조지폐 ● ● 살아서 스스로 움직이며 생활하는 만물

상장 ● ● 근로자가 물건을 만드는 장소

2. 다음 뜻을 가진 어휘를 쓰세요.

상을 탈 수 있는 등수 안에 듦	몸을 움직이거나 움직여서 만든 모양	어떤 장소에서 물러남	마음이 불안해 가만히 있지 못함	아무것도 쓰지 않은 종이
⬇	⬇	⬇	⬇	⬇

3. 다음의 뜻이 되도록 보기에서 알맞은 한자어를 골라 쓰세요.

> **보기** 움직일 **동**, 상줄 **상**, 종이 **지**, 마당 **장**, 자리 **석**

1) 책의 맨 앞뒤 겉장 ➡ **겉 표** + ☐

2) 상으로 주는 돈 ➡ ☐ + **돈 금**

3) 몸을 움직여 일함 ➡ **일할 노** + ☐

4) 모인 사람의 의견이 하나로 일치함 ➡ **찰 만** + ☐ + **한 일** + **이를 치**

5) 어떤 자리에 나가서 참석함 ➡ **날 출** + ☐

4. 다음 어휘를 이용해 한 문장 글쓰기를 해 보세요.

결석

➡ _____

편지

➡ _____

현상수배

➡ _____

확고부동

➡ _____

장소

➡ _____

訓

^뜻 가르칠 ^{소리} 훈

 **추론력 꽉 잡아** 한자의 뜻과 그림을 보고 단어의 뜻을 짐작해 보세요.

가르칠 훈 + 익힐 련
훈련

가르칠 훈 + 경계할 계
훈계

가르칠 교 + 가르칠 훈
교훈

겨울 동 + 계절 계 + 가르칠 훈 + 익힐 련
동계 훈련

가르칠 훈(訓)이 숨어 있는 단어를 알아봅시다.

훈련
가르칠 훈 + 익힐 련

뜻

기술 등을 가르치고 반복 연습해 익힘

표현1 훈련을 하지 않으면 모두 잊어버린다.

표현2 훈련은 힘들었지만 보람 있었다.

훈계
가르칠 훈 + 경계할 계

뜻

잘못을 가르쳐 경계하도록 함

표현1 선생님께서 아이들을 훈계하셨다.

표현2 훈계는 공손한 태도로 들어야 한다.

 잘못한 사람에게 무엇이 잘못인지 알려주어 다시 하지 않도록 하는 것을 훈계라고 합니다.

교훈
가르칠 교 + 가르칠 훈

뜻

행동이나 생활에 지침이
될 만한 것을 가르침

표현1 이 책을 읽고 어떤 교훈을 얻었니?

표현2 실패했지만 그 과정에서 교훈을 얻었다.

동계 훈련
겨울 동 + 계절 계 + 가르칠 훈 + 익힐 련

뜻

겨울철에 하는 훈련

표현1 동계 훈련을 위해 따뜻한 나라로 갔다.

표현2 동계 훈련을 할 때는 추위를 조심해야 한다.

가르칠 훈(訓)을 넣어 한 문장 글쓰기를 해 보세요.

훈련 기술 등을 가르치고 반복 연습해 익힘

태권도 선수가

훈계 잘못을 가르쳐 경계하도록 함

훈계를 듣고도

교훈 행동이나 생활에 지침이 될 만한 것을 가르침

이 책을 통해

동계 훈련 겨울철에 하는 훈련

다음 동계 훈련에서는

창의력 꽉 잡아

가르칠 훈(訓)이 들어간 단어를 2개 이상 사용하여 문장을 써 보세요.

예시

훈계를 받아 슬프지만 교훈을 얻었다.

_____

탐구력 꽉 잡아

1. 단어에 '훈'이 들어간 경우를 책 혹은 주변에서 찾아 빈칸에 써 보세요.
2. 가르칠 훈(訓)이 사용된 단어에는 ○, 아니면 X를 표시해 보세요.

훈육
(올바른 행동을 가르쳐 기름)

수훈
(뛰어난 공)

급훈
(학급의 목표가 되는 가르침)

훈장
(공이 있는 사람에게 내리는 휘장)

어떤 일을 성공시킨 노력을 뜻하는 '공'과 관련된 단어를 골라내 보세요.

親

뜻 친할 소리 친

추론력 꽉 잡아
한자의 뜻과 그림을 보고 단어의 뜻을 짐작해 보세요.

친할 친 + 오래 구
친구

친할 친 + 정성스러울 절
친절

친할 친 + 고리 환 + 지경 경
친환경

넉 사 + 돌아볼 고 + 없을 무 + 친할 친
사고무친

친환경

 친할 친(親)이 숨어 있는 단어를 알아봅시다.

친구
친할 친 + 오래 구

뜻

오래 두고 친하게 사귄 사람

표현1 친구와 함께 놀이터에 갔다.

표현2 친구가 있어 걱정이 없었다.

친절
친할 친 + 정성스러울 절

뜻

친근하고 정성스럽게 대함

표현1 식당 종업원이 친절하게 말했다.

표현2 친절을 베풀면 언젠가 돌아온다.

친환경
친할 친 + 고리 환 + 지경 경

뜻

환경과 잘 어울려
환경을 파괴하지 않는

표현1 친환경 세제를 이용해 빨래를 했다.

표현2 친환경 자동차에서는 매연이 덜 나
온다.

사고무친
넉 사 + 돌아볼 고 + 없을 무 + 친할 친

뜻

사방을 둘러보아도 친척이 없음
의지할 사람이 전혀 없음

표현1 부모님도 친척도 없을 때 사고무친
이라고 한다.

표현2 그는 사고무친의 외로운 신세다.

 친할 친(親)을 넣어 한 문장 글쓰기를 해 보세요.

친구 오래 두고 친하게 사귄 사람

우연히

친절 친근하고 정성스럽게 대함

버스에서

친환경 환경과 잘 어울려 환경을 파괴하지 않는

친환경

사고무친 의지할 사람이 전혀 없음

사고무친이지만

친할 친(親)이 들어간 단어를 2개 이상 사용하여 문장을 써 보세요.

예시

친구는 **사고무친**이지만 늘 밝게 웃는다.

탐구력
꽉 잡아

1. 다음 어휘를 보고 그 뜻으로 알맞는 것을 골라 선으로 연결하세요.

친필 ●   ● 일제 강점기에 일본과 야합하여
                              그들의 정책을 옹호하고 추종함

친일 ●   ● 시집 간 여자의 원래 가정

친정 ●   ● 서로 친하게 잘 어울림

친화 ●   ● 손으로 직접 쓴 글씨

'친'으로 소리 나는 다른 생활 한자는 없습니다.

交

뜻 소리
사귈 교

한자의 뜻과 그림을 보고 단어의 뜻을 짐작해 보세요.

끊을 절 + 사귈 교
절교

바깥 외 + 사귈 교
외교

★사귈 교 + 통할 통
교통

사귈 교 + 벗 우 + 써 이 + 믿을 신
교우이신

★ 여기서 교는 '서로'라는 뜻으로 사용되었습니다.

사귈 교(交)가 숨어 있는 단어를 알아봅시다.

절교

끊을 절 + 사귈 교

뜻

사귀는 관계를 끊음
서로의 교제를 끊음

표현1   둘은 심하게 다툰 후 절교했다.

표현2   절교를 많이 하면 친구가 없어진다.

외교

바깥 외 + 사귈 교

뜻

바깥으로 사귐
다른 나라와 정치, 경제적으로 관계를 맺음

표현1   독도가 우리 땅임을 외교를 통해 알려야 한다.

표현2   삼촌은 외교관이 되어 외국에서 일하고 있다.

교통

사귈 교 + 통할 통

뜻

서로 통함
탈것을 이용하여 사람이나 짐이 오고 감

표현1   지하철이 생겨 교통이 편해졌다.

표현2   자동차 사고로 교통 정체가 심각하다.

교우이신

사귈 교 + 벗 우 + 써 이 + 믿을 신

뜻

친구는 믿음으로 사귀어야 함

표현1   교우이신이라는 말처럼 친구를 배신하면 안 돼.

표현2   우리 영원히 교우이신 하자.

 사귈 교(交)를 넣어 한 문장 글쓰기를 해 보세요.

절교 서로의 교제를 끊음

우리는

외교 다른 나라와 정치, 경제적으로 관계를 맺음

외교를 잘하려면

교통 탈것을 이용해 사람이나 짐이 오고 감

교통이 발달하지 않았다면

교우이신 친구는 믿음으로 사귀어야 함

교우이신이라지만

사귈 교(交)가 들어간 단어를 2개 이상 사용하여 문장을 써 보세요.

예시

교우이신이라는 말을 듣고 자주 거짓말을 하는 **친구**와 절교했다.

1. 단어에 '교'가 들어간 경우를 책 혹은 주변에서 찾아 빈칸에 써 보세요.
2. 사귈 교(交)가 사용된 단어에는 ○, 아니면 X를 표시해 보세요.

교신
(소식을 주고받음)

교탁
(수업에 쓰는 탁자)

교대
(어떤 일을 여럿이 나눠서
차례에 따라 맡아서 함)

설교
(종교의 교리를 설명함)

 '가르침'과 관련된 단어를 골라내 보세요.

뜻 익힐　소리 습

 한자의 뜻과 그림을 보고 단어의 뜻을 짐작해 보세요.

배울 학 + 익힐 습
학습

익힐 연 + 익힐 습
연습

열심히 연습 하네.

익힐 습 + 버릇 관
습관

일찍 자는 습관을 들이자.

스스로 자 + 배울 학 + 스스로 자 + 익힐 습
자학자습

고양이!

동물

 익힐 습(習)이 숨어 있는 단어를 알아봅시다.

학습

배울 학 + 익힐 습

뜻

배우고 익힘

표현1 학습할 때는 집중해야 한다.

표현2 한자어를 학습하면 문해력이 좋아진다.

연습

익힐 연 + 익힐 습

뜻

익히고 익힘
학문이나 기예를 반복하여 익힘

표현1 꾸준히 연습하면 무엇이든 잘할 수 있다.

표현2 연습하지 않아서 실수가 많았다.

습관

익힐 습 + 버릇 관

뜻

몸에 익힌 버릇
오랜 시간 반복해 저절로 익혀진 행동

표현1 좋은 습관을 들여야 성공할 수 있다.

표현2 습관은 한 번 생기면 바꾸기 어렵다.

자학자습

스스로 자 + 배울 학 + 스스로 자 + 익힐 습

뜻

남의 도움 없이
스스로 배우고 스스로 익힘

표현1 방학 중에는 집에서 자학자습했다.

표현2 우등생은 누가 시키지 않아도 자학자습한다.

글쓰기 꽉 잡아 익힐 습(習)을 넣어 한 문장 글쓰기를 해 보세요.

학습 배우고 익힘

학습하지 않는다면

연습 학문이나 기예를 반복하여 익힘

만약

습관 몸에 익힌 버릇

나의 습관은

자학자습 남의 도움 없이 스스로 배우고 스스로 익힘

내년에는

창의력 꽉 잡아 익힐 습(習)이 들어간 단어를 2개 이상 사용하여 문장을 써 보세요.

예시

자학자습하는 **습관**을 가진다면 누구나 우등생이 될 수 있다.

1. 단어에 '습'이 들어간 경우를 책 혹은 주변에서 찾아 빈칸에 써 보세요.

2. 익힐 습(習)이 사용된 단어에는 ○, 아니면 X를 표시해 보세요.

복습
(배운 것을 다시
익혀 공부함)

습도
(축축한 정도)

습기
(축축한 기운)

실습
(배운 기술을 실제로
해보며 익힘)

 '축축함'과 관련된 단어를 골라내 보세요.

科

뜻　소리
과목 과

추론력 꽉 잡아

한자의 뜻과 그림을 보고 단어의 뜻을 짐작해 보세요.

과목 과 + 들 거
과거

무인 무 + 과목 과
무과

글월 문 + 과목 과
문과

금 금 + 과목 과 + 구슬 옥 + 가지 조
금과옥조

친구들과 사이좋게 지내렴.
네!

★ 科는 쌀(米)을 등급별로 나누어 담는 모습(斗)을 나타냅니다.

 과목 과(科)가 숨어 있는 단어를 알아봅시다.

과거
과목 과 + 들 거

뜻
과목별로 관리를 뽑기 위한 옛 시험

표현 1   옛날에는 과거라는 시험을 보았다.

표현 2   과거에서 1등을 하면 장원급제라고 한다.

무과
무인 무 + 과목 과

뜻
무인이 되기 위한 과목
군사 일을 맡는 관리를 뽑는 과거

표현 1   군사 일을 보려면 무과에 합격해야 한다.

표현 2   이순신 장군도 무과에서 떨어진 적이 있다.

 옛날을 뜻하는 '과거'와 한자가 다릅니다.

문과
글월 문 + 과목 과

뜻
글과 관련된 과목
군사 일을 맡지 않는 관리를 뽑는 과거

표현 1   이몽룡은 문과에 합격해 암행어사가 되었다.

표현 2   문과에 합격한 사람을 문관이라 한다.

금과옥조
금 금 + 과목 과 + 구슬 옥 + 가지 조

뜻
금과 옥처럼 귀중히 여겨야 할 규칙

표현 1   아버지의 말씀을 금과옥조처럼 여기거라.

표현 2   다른 이에 대한 존중은 금과옥조로 생각해야 한다.

 **글쓰기 꽉 잡아**　과목 과(科)를 넣어 한 문장 글쓰기를 해 보세요.

과거 과목별로 관리를 뽑기 위한 옛 시험

과거를 볼 때는 ....

무과 무인이 되기 위한 과목

무과에 합격하려면 ....

문과 글과 관련된 과목

문과에 합격하려면 ....

금과옥조 금과 옥처럼 귀중히 여겨야 할 규칙

나에게 있어 .... 은 금과옥조와도 같다.

과목 과(科)가 들어간 단어를 2개 이상 사용하여 문장을 써 보세요.

예시

과거 시험에는 **무과**와 **문과**가 있다.

1. 단어에 '과'가 들어간 경우를 책 혹은 주변에서 찾아 빈칸에 써 보세요.
2. 과목 과(科)가 사용된 단어에는 ○, 아니면 X를 표시해 보세요.

백과
(모든 분야)

이과
(과학, 수학 등의 학문 분야)

과세
(내야 하는 세금이 주어짐)

과제
(주어진 문제나 임무)

'어떤 일이 주어지는 것'과 관련된 단어를 골라내 보세요.

3주 차 복습

콩나물쌤의 강의를 먼저 듣고 공부를 시작하면 이해가 쏙쏙!

QR 코드를 스캔하면 강의 영상을 볼 수 있어요.

1. 다음 어휘를 보고 그 뜻으로 알맞은 것을 골라 선으로 연결하세요.

훈련 •   • 탈것을 이용하여
                               사람이나 짐이 오고 감

친절 •   • 남의 도움 없이
                               스스로 배우고 스스로 익힘

교통 •   • 기술 등을 가르치고
                               반복 연습해 익힘

자학자습 •   • 친근하고 정성스럽게 대함

과거 •   • 과목별로 관리를 뽑기 위한
                               옛 시험

2. 다음 뜻을 가진 어휘를 쓰세요.

군사 일을 맡는 관리를 뽑는 과거	잘못을 가르쳐 경계하도록 함	환경과 잘 어울려 환경을 파괴하지 않는	친구는 믿음으로 사귀어야 함	배우고 익힘
⬇	⬇	⬇	⬇	⬇

3. 다음의 뜻이 되도록 보기에서 알맞은 한자어를 골라 쓰세요.

 보기 **과목 과, 가르칠 훈, 익힐 습, 친할 친, 사귈 교**

1) 군사 일을 맡지 않는 관리를 뽑는 과거 ➡ **글월 문** + ☐

2) 다른 나라와 정치, 경제적으로 관계를 맺음 ➡ **바깥 외** + ☐

3) 행동이나 생활에 지침이 될 만한 것을 가르침 ➡ **가르칠 교** + ☐

4) 의지할 사람이 전혀 없음 ➡ **넉 사** + **돌아볼 고** + **없을 무** + ☐

5) 학문이나 기예를 반복하여 익힘 ➡ **익힐 연** + ☐

4. 다음 어휘를 이용해 한 문장 글쓰기를 해 보세요.

절교

➡ _____

습관

➡ _____

금과옥조

➡ _____

동계 훈련

➡ _____

친구

➡ _____

4주차

語

뜻 소리
말씀 어

 **추론력 꽉 잡아** 한자의 뜻과 그림을 보고 단어의 뜻을 짐작해 보세요.

홑 단 + 말씀 어
단어

말씀 어 + 버릇 투
어투

영국 영 + 말씀 어
영어

흐를 류 + 말씀 언 + 날 비 + 말씀 어
유언비어

 말씀 어(語)가 숨어 있는 단어를 알아봅시다.

단어
홑 단 + 말씀 어

뜻
짝을 이루지 않고 혼자 있는 말
말의 최소 단위

표현 1 단어를 많이 알면 공부할 때 유리하다.

표현 2 적당한 단어를 찾기가 어렵다.

어투
말씀 어 + 버릇 투

뜻
말하는 버릇

표현 1 선생님은 단호한 어투로 말씀하셨다.

표현 2 엄마는 조심스러운 어투로 인사를
건넸다.

 어투는 '말투'라고도 합니다.

영어
영국 영 + 말씀 어

뜻
영국에서 쓰는 말

표현 1 영어는 영국, 미국, 호주에서 쓰인다.

표현 2 형은 영어로 외국인과 대화했다.

유언비어
흐를 류 + 말씀 언 + 날 비 + 말씀 어

뜻
사람들 사이를 흐르고 날아다니는 말
근거 없이 퍼진 뜬소문

표현 1 유언비어를 퍼뜨리면 안 돼.

표현 2 말도 안 되는 유언비어가 퍼졌다.

글쓰기 꽉 잡아 말씀 어(語)를 넣어 한 문장 글쓰기를 해 보세요.

단어 짝을 이루지 않고 혼자 있는 말

단어를 몰라서 ....

어투 말하는 버릇

그런 어투로 ....

영어 영국에서 쓰는 말

영어를 잘하면 ....

유언비어 근거 없이 퍼진 뜬소문

.... 은 유언비어에 불과하다.

말씀 어(語)가 들어간 단어를 2개 이상 사용하여 문장을 써 보세요.

예시

내일 영어 시험을 대비해 단어를 공부하고 있다.

---

1. 단어에 '어'가 들어간 경우를 책 혹은 주변에서 찾아 빈칸에 써 보세요.
2. 말씀 어(語)가 사용된 단어에는 ○, 아니면 X를 표시해 보세요.

어학
(언어를 연구하는
학문)

어부
(고기잡이를 직업으로
하는 사람)

고어
(옛말)

어선
(고기잡이를 위한 배)

 '물고기'와 관련된 단어를 골라내 보세요.

文

뜻 소리

글월 문

추론력 꽉 잡아

한자의 뜻과 그림을 보고 단어의 뜻을 짐작해 보세요.

글월 문 + 갖출 구
문구

글월 문 + 배울 학
문학

지을 작 + 글월 문
작문

글월 문 + 밝을 명 + 나타날 발 + 이를 달
문명 발달

글월 문(文)이 숨어 있는 단어를 알아봅시다.

문구
글월 문 + 갖출 구

뜻
글공부에 필요한 도구

표현1 문구점에 가서 연필을 샀다.

표현2 편의점에도 문구류를 판다.

문학
글월 문 + 배울 학

뜻
글에 관한 학문
소설처럼 언어로 감정을 표현하는 글

표현1 이모는 문학을 열심히 읽었다.

표현2 시나 에세이도 문학의 일종이다.

작문
지을 작 + 글월 문

뜻
글을 지음

표현1 작문 시간에 열심히 글을 썼다.

표현2 나는 작문에 흥미를 느낀다.

문명 발달
글월 문 + 밝을 명 + 나타날 발 + 이를 달

뜻
인류가 물질, 기술로
더 높은 수준에 도달하는 일

표현1 문명 발달로 많은 병을 치료할 수 있게 되었다.

표현2 문명이 발달해 생활이 편리해졌다.

글월 문(文)을 넣어 한 문장 글쓰기를 해 보세요.

문구 글공부에 필요한 도구

문구류 중에서

문학 글에 관한 학문

문학을 읽을 때는

작문 글을 지음

작문을 잘하면

문명 발달 인류가 물질, 기술로 더 높은 수준에 도달하는 일

문명이 발달해

창의력 꽉 잡아

글월 문(文)이 들어간 단어를 2개 이상 사용하여 문장을 써 보세요.

예시

국어 시간에 문학을 읽고 내 생각을 작문했다.

탐구력 꽉 잡아

1. 단어에 '문'이 들어간 경우를 책 혹은 주변에서 찾아 빈칸에 써 보세요.
2. 글월 문(文)이 사용된 단어에는 ○, 아니면 X를 표시해 보세요.

본문
(문서에서
주가 되는 글)

문맹
(배우지 못해 글을
읽을 줄 모름)

대문
(큰 문, 집의 정문)

교문
(학교의 문)

열고 닫는 '문'과 관련된 단어를 골라내 보세요.

字

뜻 소리
글자 자

추론력 꽉 잡아

한자의 뜻과 그림을 보고 단어의 뜻을 짐작해 보세요.

바를 정 + 글자 자
정자

점 점 + 글자 자
점자
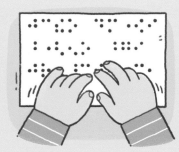

그르칠 오 + 글자 자
오자

한 일 + 글자 자 + 없을 무 + 알 식
일자무식

글자 자(字)가 숨어 있는 단어를 알아봅시다.

정자
바를 정 + 글자 자

뜻

바른 글자
또박또박 바르게 쓴 글자

표현1 이름을 정자로 써 주세요.

표현2 내 동생은 정자로 글을 잘 쓴다.

점자
점 점 + 글자 자

뜻

시각장애인을 위해 점으로 쓴 글자

표현1 그는 손가락으로 점자를 읽어나갔다.

표현2 음료수 캔 뚜껑에는 점자가 적혀 있다.

오자
그르칠 오 + 글자 자

뜻

잘못 쓴 글자

표현1 그 책에는 오자가 너무 많았다.

표현2 글을 다 쓴 후 오자를 찾아 수정했다.

일자무식
한 일 + 글자 자 + 없을 무 + 알 식

뜻

한 글자도 모를 정도로 무식함

표현1 그는 학교를 다니지 못한 일자무식이다.

표현2 저는 우주에 대해서는 일자무식입니다.

 글자 자(字)를 넣어 한 문장 글쓰기를 해 보세요.

정자 또박또박 바르게 쓴 글자

정자로 글을 쓰면 ┄┄┄┄┄┄┄┄┄┄┄┄┄┄┄┄┄┄┄┄┄┄┄┄┄┄┄

점자 시각장애인을 위해 점으로 쓴 글자

점자를 쓰려면 ┄┄┄┄┄┄┄┄┄┄┄┄┄┄┄┄┄┄┄┄┄┄┄┄┄┄┄

오자 잘못 쓴 글자

오자를 발견해서 ┄┄┄┄┄┄┄┄┄┄┄┄┄┄┄┄┄┄┄┄┄┄┄┄┄┄

일자무식 한 글자도 모를 정도로 무식함

일자무식을 벗어나려 ┄┄┄┄┄┄┄┄┄┄┄┄┄┄┄┄┄┄┄┄┄┄┄

 창의력 꽉 잡아

글자 자(字)가 들어간 단어를 2개 이상 사용하여 문장을 써 보세요.

예시

정자로 바르게 썼지만 오자가 있었다.

 탐구력 꽉 잡아

1. 단어에 '자'가 들어간 경우를 책 혹은 주변에서 찾아 빈칸에 써 보세요.
2. 글자 자(字)가 사용된 단어에는 ○, 아니면 X를 표시해 보세요.

숫자
(수를 나타내는 글자)

자세
(몸이 가지는 모양)

자태
(어떤 모습이나 모양)

함자
(상대의 이름을 높여 부르는 말)

 '모양'과 관련된 단어를 골라내 보세요.

讀

뜻 소리
읽을 독

 **추론력 꽉 잡아** 한자의 뜻과 그림을 보고 단어의 뜻을 짐작해 보세요.

읽을 독 + 글 서
독서

읽을 독 + 사람 자
독자

살 구 + 읽을 독
구독

많은 **구독** 부탁드려요~

소 우 + 귀 이 + 읽을 독 + 경서 경
우이독경

 **어휘력 꽉 잡아**

읽을 독(讀)이 숨어 있는 단어를 알아봅시다.

독서
읽을 독 + 글 서

뜻

책을 읽음

표현1 내 취미는 독서다.

표현2 독서를 하면 현명해질 수 있다.

독자
읽을 독 + 사람 자

뜻

읽는 사람
책, 신문, 잡지 따위를 읽는 사람

표현1 이 책의 독자는 초등학생이다.

표현2 작가는 독자와의 대화 시간을 마련했다.

구독
살 구 + 읽을 독

뜻

책, 신문, 잡지 따위를 사서 읽음

표현1 할아버지는 아직도 신문을 구독하고
계신다.

표현2 구독, 좋아요, 댓글 부탁드립니다.

우이독경
소 우 + 귀 이 + 읽을 독 + 경서 경

뜻

쇠귀에 경 읽기
어리석어 가르쳐 주어도 알아듣지 못함

표현1 그에게는 말해봤자 우이독경이다.

표현2 아무리 설명해도 우이독경이었다.

 '쇠귀에 경 읽기'는 '소의 귀에 좋은 책을
읽어주듯 소용없다'는 뜻입니다.

독서 책을 읽음

독서를 할 때는 ....

독자 읽는 사람

그 책을 읽은 후 ....

구독 책, 신문, 잡지 따위를 사서 읽음

.... 을 구독하고 싶다.

우이독경 쇠귀에 경 읽기

우이독경이라면 ....

 읽을 독(讀)이 들어간 단어를 2개 이상 사용하여 문장을 써 보세요.

잡지를 **구독**한 **독자**를 대상으로 경품 행사가 진행되었다.

1. 단어에 '독'이 들어간 경우를 책 혹은 주변에서 찾아 빈칸에 써 보세요.
2. 읽을 독(讀)이 사용된 단어에는 ○, 아니면 X를 표시해 보세요.

독해
(글을 읽어서 이해함)

독신
(결혼하지 않고 혼자 사는 사람)

다독
(책을 많이 읽음)

독립
(다른 것에 의존하지 않음)

 '혼자'와 관련된 단어를 골라내 보세요.

書

뜻 소리
글 서

 추론력 꽉 잡아

한자의 뜻과 그림을 보고 단어의 뜻을 짐작해 보세요.

글 서 + 가게 점
서점

글 서 + 무리 류
서류

떨어질 낙 + 글 서
낙서

클 대 + 글 서 + 특별할 특 + 붓 필
대서특필

★ '글 서'는 책이라는 뜻으로도 많이 사용됩니다.

 글 서(書)가 숨어 있는 단어를 알아봅시다.

서점
글 서 + 가게 점

뜻

책을 파는 가게

표현1 서점에서 소설책을 한 권 샀다.

표현2 주말이라 서점을 방문했다.

서류
글 서 + 무리 류

뜻

글자로 기록한 문서들

표현1 아빠 사무실에는 많은 서류가 쌓여 있었다.

표현2 서류가 너무 많아 찾을 수가 없었다.

낙서
떨어질 낙 + 글 서

뜻

장난으로 아무렇게나 쓴 글

표현1 서현이는 칠판에 낙서를 했다.

표현2 동생이 내 숙제에 낙서를 해버렸다.

대서특필
클 대 + 글 서 + 특별할 특 + 붓 필

뜻

특별한 붓으로 크게 쓴 글
신문 등에 매우 크게 담아 알림

표현1 어제 사고가 뉴스에 대서특필되었다.

표현2 이 사건은 분명 대서특필될 거야.

 **글쓰기 꽉 잡아** 글 서(書)를 넣어 한 문장 글쓰기를 해 보세요.

서점 책을 파는 가게

서점에는

서류 글자로 기록한 문서들

선생님은

낙서 장난으로 아무렇게나 쓴 글

낙서를 하면

대서특필 신문 등에 매우 크게 담아 알림

만약

 창의력 꽉 잡아

글 서(書)가 들어간 단어를 2개 이상 사용하여 문장을 써 보세요.

예시

내가 한 낙서가 신문에 대서특필되었다.

_____

 탐구력 꽉 잡아

1. 단어에 '서'가 들어간 경우를 책 혹은 주변에서 찾아 빈칸에 써 보세요.
2. 글 서(書)가 사용된 단어에는 ○, 아니면 X를 표시해 보세요.

 **서당**
(옛날에 글을 가르치던 곳)

☐   ☐

사서
(도서관에서 책을 관리하는 직업)

☐    **순서**
(기준에 따른 차례)    **질서**
(사물의 순서나 차례)   ☐

 '차례'와 관련된 단어를 골라내 보세요.

4주 차 복습

콩나물쌤의 강의를 먼저 듣고 공부를 시작하면 이해가 쏙쏙!

QR 코드를 스캔하면 강의 영상을 볼 수 있어요.

1. 다음 어휘를 보고 그 뜻으로 알맞은 것을 골라 선으로 연결하세요.

단어 ● ● 소설처럼 언어로 감정을 표현하는 글

문학 ● ● 어리석어 가르쳐 주어도 알아듣지 못함

오자 ● ● 책을 파는 가게

우이독경 ● ● 말의 최소 단위

서점 ● ● 잘못 쓴 글자

2. 다음 뜻을 가진 어휘를 쓰세요.

글자로 기록한 문서들	말하는 버릇	글을 지음	한 글자도 모를 정도로 무식함	책을 읽음
⬇	⬇	⬇	⬇	⬇

3. 다음의 뜻이 되도록 보기에서 알맞은 한자어를 골라 쓰세요.

> **보기** 글자 **자**, 글 **서**, 말씀 **어**, 읽을 **독**, 글월 **문**

1) 책, 신문, 잡지 따위를 읽는 사람 ➡ [＿＿＿＿＿] + 사람 **자**

2) 장난으로 아무렇게나 쓴 글 ➡ 떨어질 **낙** + [＿＿＿＿＿]

3) 영국에서 쓰는 말 ➡ 영국 **영** + [＿＿＿＿＿]

4) 인류가 물질, 기술로 더 높은 수준에 도달하는 일

➡ [＿＿＿＿＿] +밝을 **명**+나타날 **발**+이를 **달**

5) 또박또박 바르게 쓴 글자 ➡ 바를 **정** + [＿＿＿＿＿]

4. 다음 어휘를 이용해 한 문장 글쓰기를 해 보세요.

점자

➡ _____

구독

➡ _____

대서특필

➡ _____

유언비어

➡ _____

문구

➡ _____

5주 차

뜻 소리

셀 수

추론력 꽉 잡아

한자의 뜻과 그림을 보고 단어의 뜻을 짐작해 보세요.

셀 수 + 학문 학
수학

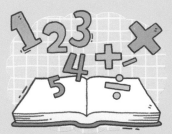

많을 다 + 셀 수
다수

돌아올 회 + 셀 수
횟수

30
31
32

아닐 부 + 알 지 + 그 기 + 셀 수
부지기수

으아 엄청나게 많아

 셀 수(數)가 숨어 있는 단어를 알아봅시다.

수학
셀 수 + 학문 학

뜻

수에 대한 학문

표현 1   수학은 어렵지만 재미있다.

표현 2   수학 시간에 나눗셈을 배웠다.

다수
많을 다 + 셀 수

뜻

수효가 많음

표현 1   다수의 의견을 모아 결정했다.

표현 2   그 가수는 다수의 노래를 발표하였다.

 수효란 '낱낱의 수'를 뜻합니다.

횟수
돌아올 회 + 셀 수

뜻

돌아오는 차례의 수효

표현 1   감기로 학원에 빠지는 횟수가 늘었다.

표현 2   운동 횟수를 꾸준히 유지해야 한다.

부지기수
아닐 부 + 알 지 + 그 기 + 셀 수

뜻

그 수를 알지 못함
매우 많음

표현 1   전등 밑에 날벌레가 부지기수다.

표현 2   축제에 맛있는 음식이 부지기수다.

셀 수(數)를 넣어 한 문장 글쓰기를 해 보세요.

수학 _{수에 대한 학문}

수학을 잘하려면

다수 _{수효가 많음}

다수의 사람들이

횟수 _{돌아오는 차례의 수효}

줄넘기 횟수를 늘리기 위해

부지기수 _{그 수를 알지 못함}

부지기수다.

셀 수(數)가 들어간 단어를 2개 이상 사용하여 문장을 써 보세요.

예시

다수의 사람들이 수학을 어려워 한다.

1. 단어에 '수'가 들어간 경우를 책 혹은 주변에서 찾아 빈칸에 써 보세요.
2. 셀 수(數)가 사용된 단어에는 ○, 아니면 X를 표시해 보세요.

수년
(여러 해)

가로수
(길을 따라 줄지어
심은 나무)

과수원
(과일나무를 기르는 농장)

수일
(며칠)

 '나무'와 관련된 단어를 골라내 보세요.

計

뜻 소리
셀 계

추론력 꽉 잡아

한자의 뜻과 그림을 보고 단어의 뜻을 짐작해 보세요.

셀 계 + 셀 산
계산

1000
+ 300
= 1300

합할 합 + 셀 계
합계

총 52,000원
이네.

합계:
52,000

셀 계 + 나눌 획
계획

〈여름휴가 계획〉

죽을 망 + 아들 자 + 셀 계 + 이 치
망자계치

살아있다면
서른 살 일텐데...

 셀 계(計)가 숨어 있는 단어를 알아봅시다.

계산
셀 계 + 셀 산

뜻

수를 세어 헤아림

표현 1   지불할 금액을 계산하였다.

표현 2   컴퓨터로 계산하면 빠르다.

합계
합할 합 + 셀 계

뜻

한데 합하여 계산함

표현 1   이걸 모두 사면 합계 얼마인가요?

표현 2   오늘 쓴 돈의 합계는 십만 원이 넘는다.

계획
셀 계 + 나눌 획

뜻

세어 보고 나누어 봄
앞으로 할 일에 대해 미리 헤아려 작정함

표현 1   여행 계획을 세우고 있었다.

표현 2   계획을 잘 세우면 반은 성공이다.

망자계치
죽을 망 + 아들 자 + 셀 계 + 이 치

뜻

죽은 자식의 나이 세기
이미 그릇된 일은 생각하여도 소용이 없음

표현 1   그건 생각해봤자 망자계치일 뿐이야.

표현 2   망자계치일 뿐이니 모두 잊어버립시다.

 아이들은 나이가 들면서 이가 하나씩 나기 때문에 이를 센다는 말이 나이를 센다는 뜻으로 쓰였습니다.

 셀 계(計)를 넣어 한 문장 글쓰기를 해 보세요.

계산 수를 세어 헤아림

계산을 못하면 ....

합계 한데 합하여 계산함

어쩌다 보니 ....

계획 세어 보고 나누어 봄

우리 계획은 ....

망자계치 이미 그릇된 일은 생각하여도 소용이 없음

.... 은 망자계치이다.

셀 계(計)가 들어간 단어를 2개 이상 사용하여 문장을 써 보세요.

예시

합계를 정확하게 계산해 보세요.

1. 단어에 '계'가 들어간 경우를 책 혹은 주변에서 찾아 빈칸에 써 보세요.
2. 셀 계(計)가 사용된 단어에는 ○, 아니면 X를 표시해 보세요.

계량
(수량을 헤아림)

세계
(지구상의 모든 나라)

흉계
(흉악한 계략)

경계
(사물이 분간되는 한계)

'범위' 혹은 '영역'과 관련된 단어를 골라내 보세요.

算

뜻　소리
셈 산

추론력 꽉 잡아

한자의 뜻과 그림을 보고 단어의 뜻을 짐작해 보세요.

검사할 검 + 셀 산
검산

어두울 암 + 셀 산
암산

그르칠 오 + 셀 산
오산

이로울 이 + 해할 해 + 칠 타 + 셀 산
이해타산

 셈 산(算)이 숨어 있는 단어를 알아봅시다.

검산
검사할 검 + 셀 산

뜻
계산의 맞고 틀림을 검사함

표현 1 문제는 풀고 난 후 꼭 검산하렴.

표현 2 검산 덕분에 두 문제 더 맞았다.

암산
어두울 암 + 셀 산

뜻
어둡게 계산함
머릿속으로 하는 계산

표현 1 암산을 잘하면 문제를 빨리 풀 수 있다.

표현 2 암산으로 풀다가 두 문제나 틀렸다.

오산
그르칠 오 + 셀 산

뜻
잘못 셈함
예상을 잘못함

표현 1 내가 포기할 거라는 건 형의 오산이야.

표현 2 비가 그칠 거라는 건 나의 오산이었다.

이해타산
이로울 이 + 해할 해 + 칠 타 + 셀 산

뜻
이익과 손해를 이리저리 따져 봄

표현 1 민주는 이해타산이 매우 빨랐다.

표현 2 친구끼리는 이해타산을 너무 따지면 안 된다.

 잘못 계산했다는 뜻보다 예상을 잘못했다는 뜻으로 더 많이 쓰입니다.

글쓰기 꽉 잡아 셈 산(算)을 넣어 한 문장 글쓰기를 해 보세요.

검산 계산의 맞고 틀림을 검사함

검산을 안 했다가 [   ]

암산 머릿속으로 하는 계산

어제는 [   ]

오산 예상을 잘못함

[   ] 오산이었다.

이해타산 이익과 손해를 이리저리 따져 봄

이해타산이 맞지 않아 [   ]

셈 산(算)이 들어간 단어를 2개 이상 사용하여 문장을 써 보세요.

예시

암산으로 **계산**한 후 **검산**으로 확인했다.

1. 단어에 '산'이 들어간 경우를 책 혹은 주변에서 찾아 빈칸에 써 보세요.
2. 셈 산(算)이 사용된 단어에는 ○, 아니면 X를 표시해 보세요.

승산
(이길 수 있는 가능성)

산통
(아이를 낳을 때 겪는 통증)

산모
(아이를 막 낳은 여자)

예산
(필요한 비용을
미리 계산함)

'아이를 낳는 것'과 관련된 단어를 골라내 보세요.

分

뜻 소리

나눌 분

추론력 꽉 잡아

한자의 뜻과 그림을 보고 단어의 뜻을 짐작해 보세요.

나눌 분 + 무리 류
분류

같을 등 + 나눌 분
등분

남을 여 + 나눌 분
여분

여분으로 별을 하나 더 만들자.

클 대 + 옳을 의 + 이름 명 + 나눌 분
대의명분

나라를 지키자!!

 나눌 분(分)이 숨어 있는 단어를 알아봅시다.

분류
나눌 분 + 무리 류

뜻

종류에 따라 나눔

표현1 수학 시간에 도형을 분류했다.

표현2 동물은 어떻게 분류할 수 있을까?

등분
같을 등 + 나눌 분

뜻

똑같이 나눔

표현1 피자를 팔 등분으로 잘랐다.

표현2 사과를 사 등분으로 나누어 먹었다.

여분
남을 여 + 나눌 분

뜻

남은 부분

표현1 만일을 위해 여분의 물을 챙겨 가자.

표현2 여분의 돈을 모아 두었다.

대의명분
클 대 + 옳을 의 + 이름 명 + 나눌 분

뜻

어떤 일을 꾀하는 데 내세우는
합당한 이유

표현1 전쟁을 시작할 때는 보통 대의명분
이 있다.

표현2 대의명분이 없으면 도움을 받기 힘
들다.

 나눌 분(分)을 넣어 한 문장 글쓰기를 해 보세요.

분류 종류에 따라 나눔

정리를 잘하려면 ....

등분 똑같이 나눔

등분을 할 때는 ....

여분 남은 부분

마스크 여분이 있어서 ....

대의명분 어떤 일을 꾀하는 데 내세우는 합당한 이유

대의명분이 있어야 ....

창의력 꽉 잡아

나눌 분(分)이 들어간 단어를 2개 이상 사용하여 문장을 써 보세요.

예시

여분의 돈은 **이등분**하여 나누어 가졌다.

_____

탐구력 꽉 잡아

1. 단어에 '분'이 들어간 경우를 책 혹은 주변에서 찾아 빈칸에 써 보세요.
2. 나눌 분(分)이 사용된 단어에는 ○, 아니면 X를 표시해 보세요.

분업
(일을 나누어서 함)

☐ ☐

분배
(각자의 몫으로 나눔)

☐ **울분**
(답답하고 분함)

분통
(몹시 분하여 마음이
쓰리고 아픔)

☐

'마음이 분함'과 관련된 단어를 골라내 보세요.

뜻 소리

그림 도

한자의 뜻과 그림을 보고 단어의 뜻을 짐작해 보세요.

추론력
꽉 잡아

그림 도 + 모양 형
도형

그림 도 + 걸 표
도표

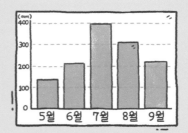

줄일 약 + 그림 도
약도

각각 각 + 스스로 자 + 그림 도 + 살 생
각자도생

그림 도(圖)가 숨어 있는 단어를 알아봅시다.

도형
그림 도 + 모양 형

뜻

그림의 모양이나 형태
사각형이나 원처럼 점, 선, 면으로 이루어진 것

표현1 수학 시간에 도형에 대해 배웠다.

표현2 삼각형은 도형의 한 종류다.

도표
그림 도 + 겉 표

뜻

자료를 분석하여 그 관계를 일정한
양식의 그림으로 나타낸 표

표현1 여름철 평균 강수량을 도표로 나타 냈다.

표현2 복잡한 자료도 도표로 정리하면 알아보기 쉽다.

약도
줄일 약 + 그림 도

뜻

간략하게 줄여 중요한 것만 표시한 지도

표현1 약도를 보고 학교를 찾아갔다.

표현2 엄마가 그려 준 약도를 들고 길을 나섰다.

각자도생
각각 각 + 스스로 자 + 그림 도 + 살 생

뜻

제각기 살아갈 방법을 도모함

표현1 서로 돕기 어려우니 각자도생합시다.

표현2 각자도생하지 말고 서로 도우면 어떨까요?

 **글쓰기 꽉 잡아** 그림 도(圖)를 넣어 한 문장 글쓰기를 해 보세요.

도형 그림의 모양이나 형태

도형을 그리려고 ....

도표 자료를 분석하여 그 관계를 일정한 양식의 그림으로 나타낸 표

도표는 ....

약도 간략하게 줄여 중요한 것만 표시한 지도

약도가 있으면 ....

각자도생 제각기 살아갈 방법을 도모함

각자도생하면 ....

창의력 꽉 잡아

그림 도(圖)가 들어간 단어를 2개 이상 사용하여 문장을 써 보세요.

예시

약도 하나 들고 각자도생하게 되었다.

탐구력 꽉 잡아

1. 단어에 '도'가 들어간 경우를 책 혹은 주변에서 찾아 빈칸에 써 보세요.
2. 그림 도(圖)가 사용된 단어에는 ○, 아니면 X를 표시해 보세요.

도서
(그림이나 글로 표현
하여 모아서 묶어둔 것)

밀도
(빽빽한 정도)

강도
(단단한 정도)

도장
(이름을 새겨 서류에
증거로 찍는 물건)

 '정도'와 관련된 단어를 골라내 보세요.

5주 차 복습

콩나물쌤의 강의를 먼저 듣고 공부를 시작하면 이해가 쏙쏙!

QR 코드를 스캔하면 강의 영상을 볼 수 있어요.

1. 다음 어휘를 보고 그 뜻으로 알맞은 것을 골라 선으로 연결하세요.

수학 ●	● 예상을 잘못함
합계 ●	● 한데 합하여 계산함
오산 ●	● 사각형이나 원처럼 점, 선, 면으로 이루어진 것
대의명분 ●	● 어떤 일을 꾀하는 데 내세우는 합당한 이유
도형 ●	● 수에 대한 학문

2. 다음 뜻을 가진 어휘를 쓰세요.

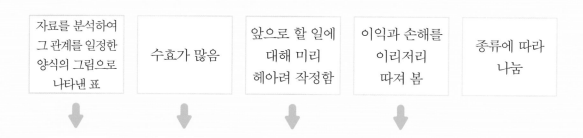

자료를 분석하여 그 관계를 일정한 양식의 그림으로 나타낸 표	수효가 많음	앞으로 할 일에 대해 미리 헤아려 작정함	이익과 손해를 이리저리 따져 봄	종류에 따라 나눔

3. 다음의 뜻이 되도록 보기에서 알맞은 한자어를 골라 쓰세요.

보기 셀 **산**, 그림 **도,** 나눌 **분**, 셀 **계**, 셀 **수**

1) 똑같이 나눔 ➡ 같을 **등** + [   ]

2) 간략하게 줄여 중요한 것만 표시한 지도 ➡ 줄일 **약** + [   ]

3) 돌아오는 차례의 수효 ➡ 돌아올 **회**(횟) + [   ]

4) 이미 그릇된 일은 생각하여도 소용이 없음 ➡ 죽을 **망** + 아들 **자** + [   ] + 이 **치**

5) 계산의 맞고 틀림을 검사함 ➡ 검사할 **검** + [   ]

4. 다음 어휘를 이용해 한 문장 글쓰기를 해 보세요.

암산

➡ _____

여분

➡ _____

각자도생

➡ _____

부지기수

➡ _____

계산

➡ _____

6주 차

形

モ양(뜻) 형(소리)

추론력 꽉 잡아

한자의 뜻과 그림을 보고 단어의 뜻을 짐작해 보세요.

모양 형 + 모양 태
형태

바뀔 변 + 모양 형
변형

모양 형 + 이룰 성
형성

마을을 형성하자♪

아닐 불 + 옳을 가 + 모양 형 + 말씀 언
불가형언

 모양 형(形)이 숨어 있는 단어를 알아봅시다.

형태
모양 형 + 모양 태

뜻

사물의 생김새나 모양

표현1 물속에는 다양한 형태의 수초가 있었다.

표현2 다양한 형태의 케이크를 만들었다.

변형
바뀔 변 + 모양 형

뜻

모양이 달라짐

표현1 상자는 짓눌려 크게 변형되었다.

표현2 자세가 구부정하면 척추에 변형이 올 수 있다.

형성
모양 형 + 이룰 성

뜻

모양을 이루어 만들어짐

표현1 성격은 어린 시절에 형성된다.

표현2 강 주변에는 마을이 형성되기 쉽다.

불가형언
아닐 불 + 옳을 가 + 모양 형 + 말씀 언

뜻

말로는 도저히 다 나타낼 수 없음

표현1 음악이 주는 감동은 불가형언이야.

표현2 풍경이 너무 아름다워 불가형언이었다.

 **글쓰기 꽉 잡아** 모양 형(形)을 넣어 한 문장 글쓰기를 해 보세요.

형태 사물의 생김새나 모양

형태에 따라서 [   ]

변형 모양이 달라짐

[   ] 변형되었다.

형성 모양을 이루어 만들어짐

[   ] 이 형성되기 쉽다.

불가형언 말로는 도저히 다 나타낼 수 없음

[   ] 불가형언이다.

창의력 꽉 잡아

모양 형(形)이 들어간 단어를 2개 이상 사용하여 문장을 써 보세요.

예시

너무 세게 누르면 형태에 변형이 올 수 있어.

탐구력 꽉 잡아

1. 단어에 '형'이 들어간 경우를 책 혹은 주변에서 찾아 빈칸에 써 보세요.
2. 모양 형(形)이 사용된 단어에는 ○, 아니면 X를 표시해 보세요.

외형
(사물의 겉모양)

원형
(원래의 모양)

형벌
(국가가 범죄자에게 내리는 벌)

형량
(형벌의 양)

'벌'과 관련된 단어를 골라내 보세요.

音

뜻
소리 ^{소리}

소리 음

추론력 꽉 잡아

한자의 뜻과 그림을 보고 단어의 뜻을 짐작해 보세요.

소리 음 + 노래 악
음악

소리 음 + 소리 성
음성

높을 고 + 소리 음
고음

아닐 불 + 화합할 협 + 화할 화 + 소리 음
불협화음

소리 음(音)이 숨어 있는 단어를 알아봅시다.

음악
소리 음 + 노래 악

뜻

목소리나 악기로 감정을
나타내는 예술

표현 1   음악 시간에 리코더를 연주했다.

표현 2   신나는 음악에 맞춰 춤을 추었다.

음성
소리 음 + 소리 성

뜻

사람의 목소리

표현 1   또렷한 음성으로 시를 낭독했다.

표현 2   낮은 음성으로 차분하게 말했다.

고음
높을 고 + 소리 음

뜻

높은 소리

표현 1   고음을 내려고 연습 중이다.

표현 2   그 가수는 고음이 매우 아름답다.

불협화음
아닐 불 + 화합할 협 + 화할 화 + 소리 음

뜻

서로 어울리지 않는 소리
사람 사이가 좋지 않아 어울리지 않음

표현 1   방금 마디에서 불협화음이 들렸어.

표현 2   그들 사이에 불협화음이 생기기 시
작했다.

 **글쓰기 꽉 잡아** 소리 음(音)을 넣어 한 문장 글쓰기를 해 보세요.

음악 목소리나 악기로 감정을 나타내는 예술

내가 가장

음성 사람의 목소리

나의 음성은

고음 높은 소리

첫 음이 고음이라

불협화음 서로 어울리지 않는 소리

불협화음이 생기면

소리 음(音)이 들어간 단어를 2개 이상 사용하여 문장을 써 보세요.

예시

음악 시간에 **고음** 부분에서 **불협화음**이 생겼다.

_____

1. 단어에 '음'이 들어간 경우를 책 혹은 주변에서 찾아 빈칸에 써 보세요.
2. 소리 음(音)이 사용된 단어에는 ○, 아니면 X를 표시해 보세요.

음치
(음에 대한 감각이 둔한 사람)

음산
(날씨가 흐리고 으스스함)

음지
(그늘진 곳)

소음
(시끄러운 소리)

 '그늘'과 관련된 단어를 골라내 보세요.

樂

뜻   소리
음악 **악**

추론력 꽉 잡아

한자의 뜻과 그림을 보고 단어의 뜻을 짐작해 보세요.

음악 악 + 그릇 기
악기

나라 국 + 음악 악
국악

농사 농 + 음악 악
농악

기쁠 희 + 기쁠 희 + 즐길 락 + 즐길 락
희희낙락

★ '음악 악'은 '즐길 락', '좋아할 요' 등 다양한 의미와 소리로 사용됩니다.

음악 악(樂)이 숨어 있는 단어를 알아봅시다.

악기

음악 악 + 그릇 기

뜻

음악을 연주하는 데 쓰는 기구

표현 1   악기 연주에 맞추어 노래를 불렀다.

표현 2   언니는 다양한 악기를 연주할 수 있다.

국악

나라 국 + 음악 악

뜻

우리나라 고유의 음악

표현 1   음악 시간에 국악을 배웠다.

표현 2   국악 공연을 관람하였다.

농악

농사 농 + 음악 악

뜻

주로 농사지을 때 행해지는 음악

표현 1   농악에 맞추어 모내기를 했다.

표현 2   농악이 울려 퍼지자 농부들이 춤을
추기 시작했다.

희희낙락

기쁠 희 + 기쁠 희 + 즐길 락 + 즐길 락

뜻

매우 기뻐하고 즐거워함

표현 1   아이들이 희희낙락 들떠 있었다.

표현 2   희희낙락도 잠시뿐, 곧 문제가 생기
고 말았다.

여기에선 '음악 악'이 아닌 '즐길 락'으로 사용
되었습니다.

음악 악(樂)을 넣어 한 문장 글쓰기를 해 보세요.

악기 음악을 연주하는 데 쓰는 기구

가장 ....

국악 우리나라 고유의 음악

국악은 ....

농악 주로 농사지을 때 행해지는 음악

농부들이 ....

희희낙락 매우 기뻐하고 즐거워함

공원에서 ....

음악 악(樂)이 들어간 단어를 2개 이상 사용하여 문장을 써 보세요.

예시

농악에는 꽹과리, 징, 장구, 북 등의 악기가 사용된다.

_____

탐구력 꽉 잡아

1. 단어에 '악'이 들어간 경우를 책 혹은 주변에서 찾아 빈칸에 써 보세요.
2. 음악 악(樂)이 사용된 단어에는 ○, 아니면 X를 표시해 보세요.

군악
(군대에서 쓰는 음악)

악보
(음악을 기호로 기록한 것)

낙방
(시험에서 떨어짐)

급락
(급하게 떨어짐)

'떨어짐'과 관련된 단어를 골라내 보세요.

美 ^뜻아름다울 ^{소리}미

 추론력 꽉 잡아

한자의 뜻과 그림을 보고 단어의 뜻을 짐작해 보세요.

아름다울 미 + 재주 술
미술

아름다울 미 + 사람 인
미인

아름다울 미 + 될 화
미화

아름다울 미 + 말씀 사 + 고울 려 + 글귀 구
미사여구

아름다울 미(美)가 숨어 있는 단어를 알아봅시다.

미술
아름다울 미 + 재주 술

뜻

시각적 아름다움을 표현하는 예술

표현1 나는 미술에는 별다른 소질이 없다.

표현2 삼촌은 외국에서 미술을 공부하고 있다.

미인
아름다울 미 + 사람 인

뜻

아름다운 사람(주로 여자)

표현1 우리 할머니는 젊을 때 미인이었다.

표현2 양귀비는 절세의 미인이었다.

미화
아름다울 미 + 될 화

뜻

아름답게 꾸미는 일

표현1 학교 복도 미화 활동을 하였다.

표현2 일본의 침략을 미화해서는 안 돼.

미사여구
아름다울 미 + 말씀 사 + 고울 려 + 글귀 구

뜻

아름다운 말로 듣기 좋게 꾸민 글귀

표현1 미사여구로 꾸민다고 좋은 글이 되는 건 아냐.

표현2 그는 미사여구로 사람을 속이려 했다.

글쓰기 꽉 잡아 아름다울 미(美)를 넣어 한 문장 글쓰기를 해 보세요.

미술 시각적 아름다움을 표현하는 예술

미술 시간에

미인 아름다운 사람

미인은

미화 아름답게 꾸미는 일

잘못을 미화하면

미사여구 아름다운 말로 듣기 좋게 꾸민 글귀

미사여구로

153

창의력 꽉 잡아

아름다울 미(美)가 들어간 단어를 2개 이상 사용하여 문장을 써 보세요.

예시

친일파를 미사여구로 미화하는 것은 분명한 잘못이다.

탐구력 꽉 잡아

1. 단어에 '미'가 들어간 경우를 책 혹은 주변에서 찾아 빈칸에 써 보세요.
2. 아름다울 미(美)가 사용된 단어에는 ○, 아니면 X를 표시해 보세요.

미식
(좋은 음식을 먹음)

무미
(맛이나 재미가 없음)

미대
(미술을 공부하는 대학)

음미
(속뜻을 깊이 새기며 맛봄)

'맛'과 관련된 단어를 골라내 보세요.

術

^뜻 재주 ^{소리} 술

추론력
꽉 잡아

한자의 뜻과 그림을 보고 단어의 뜻을 짐작해 보세요.

재주 예 + 재주 술
예술

마귀 마 + 재주 술
마술

말씀 화 + 재주 술
화술

저울추 권 + 꾀 모 + 재주 술 + 셀 수
권모술수

이건 이렇고
저건 저렇고

 재주 술(術)이 숨어 있는 단어를 알아봅시다.

예술
재주 예 + 재주 술

뜻

아름다움을 표현하는 인간의 활동

표현1 음악, 미술, 무용은 모두 예술의 일종이다.

표현2 이모는 다양한 예술을 즐긴다.

마술
마귀 마 + 재주 술

뜻

손재주로 사람의 눈을 속이는 술법

표현1 마술사의 손에서 카드가 순식간에 사라졌다.

표현2 마술을 본 아이들의 입이 떡 벌어졌다.

화술
말씀 화 + 재주 술

뜻

말을 잘하는 재주

표현1 그는 뛰어난 화술로 사람들을 설득했다.

표현2 화술이 뛰어나면 사람을 사귀기 쉽다.

권모술수
저울추 권 + 꾀 모 + 재주 술 + 셀 수

뜻

목적을 위하여 수단과 방법을 가리지 않는 술책

표현1 온갖 권모술수를 부렸지만 결국 망하고 말았다.

표현2 정치인들은 보통 권모술수에 능하다.

글쓰기 꽉 잡아

재주 술(術)을 넣어 한 문장 글쓰기를 해 보세요.

예술
아름다움을 표현하는 인간의 활동

수준 높은 예술은

마술
손재주로 사람의 눈을 속이는 술법

만약 내가

화술
말을 잘하는 재주

아빠는

권모술수
목적을 위하여 수단과 방법을 가리지 않는 술책

권모술수에 깜빡

창의력 꽉 잡아

재주 술(術)이 들어간 단어를 2개 이상 사용하여 문장을 써 보세요.

예시

그의 마술은 마치 예술처럼 아름다웠다.

_____

탐구력 꽉 잡아

1. 단어에 '술'이 들어간 경우를 책 혹은 주변에서 찾아 빈칸에 써
   보세요.
2. 재주 술(術)이 사용된 단어에는 ○, 아니면 X를 표시해 보세요.

기술
(사물을 잘 다룰
수 있는 능력)

진술
(무엇에 관해
자세히 이야기함)

의술
(병을 고치는 기술)

저술
(글을 써 책을 만듦)

'말이나 글을 펼침'과 관련된 단어를 골라내 보세요.

6주 차 복습

콩나물쌤의 강의를 먼저 듣고 공부를 시작하면 이해가 쏙쏙!

QR 코드를 스캔하면 강의 영상을 볼 수 있어요.

1. 다음 어휘를 보고 그 뜻으로 알맞은 것을 골라 선으로 연결하세요.

형태 ●   ● 주로 농사지을 때 행해지는 음악

음성 ●   ● 아름다운 말로 듣기 좋게 꾸민 글귀

농악 ●   ● 사물의 생김새나 모양

미사여구 ●   ● 아름다움을 표현하는 인간의 활동

예술 ●   ● 사람의 목소리

2. 다음 뜻을 가진 어휘를 쓰세요.

손재주로 사람의 눈을 속이는 술법	모양이 달라짐	높은 소리	매우 기뻐하고 즐거워함	시각적 아름다움을 표현하는 예술
⬇	⬇	⬇	⬇	⬇

3. 다음의 뜻이 되도록 보기에서 알맞은 한자어를 골라 쓰세요.

보기 아름다울 **미,** 음악 **악,** 소리 **음,** 모양 **형,** 재주 **술**

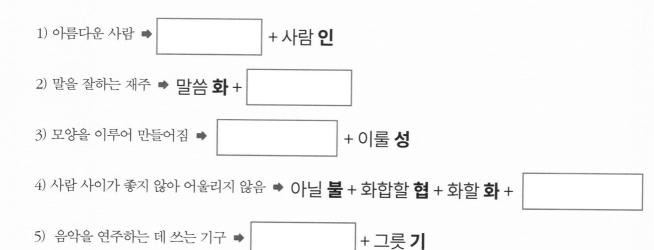

1) 아름다운 사람 ➡ [   ] + 사람 **인**

2) 말을 잘하는 재주 ➡ 말씀 **화** + [   ]

3) 모양을 이루어 만들어짐 ➡ [   ] + 이룰 **성**

4) 사람 사이가 좋지 않아 어울리지 않음 ➡ 아닐 **불** + 화합할 **협** + 화할 **화** + [   ]

5) 음악을 연주하는 데 쓰는 기구 ➡ [   ] + 그릇 **기**

4. 다음 어휘를 이용해 한 문장 글쓰기를 해 보세요.

국악

➡ _____

미화

➡ _____

권모술수

➡ _____

불가형언

➡ _____

음악

➡ _____

정답

1주차 복습

1. 다음 어휘를 보고 그 뜻으로 알맞은 것을 골라 선으로 연결하세요.

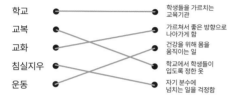

2. 다음 뜻을 가진 어휘를 쓰세요.

1) 운전
2) 학생
3) 하교
4) 반면교사
5) 교실

3. 다음의 뜻이 되도록 보기에서 알맞은 한자어를 골라 쓰세요.

1) 집 실
2) 옮길 운
3) 배울 학
4) 학교 교
5) 가르칠 교

4. 다음 어휘를 이용해 한 문장 글쓰기를 해 보세요.

(예시)
1) 교사는 학생들을 정성껏 가르쳤다.
2) 퇴실할 때는 뒷정리를 부탁합니다.
3) 항공운송이라 역시 빠르군.
4) 우리는 교학상장하며 함께 성장했다.
5) 교문 앞에서 기다리고 있을게.

2주차 복습

1. 다음 어휘를 보고 그 뜻으로 알맞은 것을 골라 선으로 연결하세요.

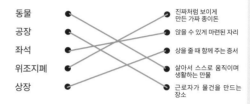

2. 다음 뜻을 가진 어휘를 쓰세요.

1) 입상
2) 동작
3) 퇴장
4) 좌불안석
5) 백지

3. 다음의 뜻이 되도록 보기에서 알맞은 한자어를 골라 쓰세요.

1) 종이 지
2) 상줄 상
3) 움직일 동
4) 마당 장
5) 자리 석

4. 다음 어휘를 이용해 한 문장 글쓰기를 해 보세요.

(예시)
1) 독감에 걸려 며칠 동안 결석했다.
2) 부모님께 편지로 감사의 마음을 전했다.
3) 현상수배를 당한 범인이 결국 잡혔다.
4) 그의 생각은 확고부동했다.
5) 약속 장소가 바뀌었다.

3주 차 복습

1. 다음 어휘를 보고 그 뜻으로 알맞은 것을 골라 선으로 연결하세요.

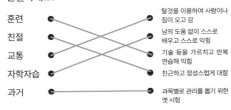

훈련
친절
교통
자학자습
과거

탈것을 이용하여 사람이나 짐이 오고 감
남의 도움 없이 스스로 배우고 스스로 익힘
기술 등을 가르치고 반복 연습해 익힘
친근하고 정성스럽게 대함
과목별로 관리를 뽑기 위한 옛 시험

2. 다음 뜻을 가진 어휘를 쓰세요.

1) 무과
2) 훈계
3) 친환경
4) 교우이신
5) 학습

3. 다음의 뜻이 되도록 보기에서 알맞은 한자어를 골라 쓰세요.

1) 과목 과
2) 사귈 교
3) 가르칠 훈
4) 친할 친
5) 익힐 습

4. 다음 어휘를 이용해 한 문장 글쓰기를 해 보세요.

(예시)
1) 절교했던 친구와 오해를 풀었다.
2) 습관적으로 손톱을 물어뜯었다.
3) 성실을 금과옥조로 여기며 노력해야 한다.
4) 동계 훈련을 위해 선수들이 모였다.
5) 놀이동산에 함께 가기로 한 친구가 오지 않았다.

4주 차 복습

1. 다음 어휘를 보고 그 뜻으로 알맞은 것을 골라 선으로 연결하세요.

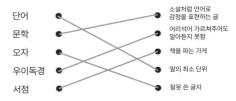

단어
문학
오자
우이독경
서점

소설처럼 언어로 감정을 표현하는 글
어리석어 가르쳐주어도 알아듣지 못함
책을 파는 가게
말의 최소 단위
잘못 쓴 글자

2. 다음 뜻을 가진 어휘를 쓰세요.

1) 서류
2) 어투
3) 작문
4) 일자무식
5) 독서

3. 다음의 뜻이 되도록 보기에서 알맞은 한자어를 골라 쓰세요.

1) 읽을 독
2) 글 서
3) 말씀 어
4) 글월 문
5) 글자 자

4. 다음 어휘를 이용해 한 문장 글쓰기를 해 보세요.

(예시)
1) 엘리베이터에는 점자로 층수가 적혀 있다.
2) 요즘은 구독 서비스가 많아졌다.
3) 대서특필된 뉴스로 인해 많은 사람이 놀랐다.
4) 유언비어를 퍼트리던 사람이 경찰에 잡혔다.
5) 문구점이 사라지고 편의점이 들어왔다.

5주 차 복습

1. 다음 어휘를 보고 그 뜻으로 알맞은 것을 골라 선으로 연결하세요.

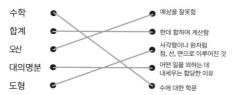

수학 ●　　　● 예상을 잘못함
합계 ●　　　● 한데 합하여 계산함
오산 ●　　　● 사각형이나 원처럼 점, 선, 면으로 이루어진 것
대의명분 ●　　　● 어떤 일을 꾀하는 데 내세우는 합당한 이유
도형 ●　　　● 수에 대한 학문

2. 다음 뜻을 가진 어휘를 쓰세요.

1) 도표
2) 다수
3) 계획
4) 이해타산
5) 분류

3. 다음의 뜻이 되도록 보기에서 알맞은 한자어를 골라 쓰세요.

1) 나눌 분
2) 그림 도
3) 셀 수
4) 셀 계
5) 셀 산

4. 다음 어휘를 이용해 한 문장 글쓰기를 해 보세요.

(예시)
1) 나는 암산에 자신 있다.
2) 여분의 종이를 챙기지 못했다.
3) 지금은 각자도생해야 하는 상황이다.
4) 이곳에서 다치는 사람이 부지기수다.
5) 나는 빠르고 정확하게 계산할 수 있다.

6주 차 복습

1. 다음 어휘를 보고 그 뜻으로 알맞은 것을 골라 선으로 연결하세요.

형태 ●　　　● 주로 농사지을 때 행해지는 음악
음성 ●　　　● 아름다운 말로 듣기 좋게 꾸민 글귀
농악 ●　　　● 사물의 생김새나 모양
미사여구 ●　　　● 아름다움을 표현하는 인간의 활동
예술 ●　　　● 사람의 목소리

2. 다음 뜻을 가진 어휘를 쓰세요.

1) 마술
2) 변형
3) 고음
4) 희희낙락
5) 미술

3. 다음의 뜻이 되도록 보기에서 알맞은 한자어를 골라 쓰세요.

1) 아름다울 미
2) 재주 술
3) 모양 형
4) 소리 음
5) 음악 악

4. 다음 어휘를 이용해 한 문장 글쓰기를 해 보세요.

(예시)
1) 동생은 국악을 배우고 있다.
2) 환경 미화 활동에 참가하였다.
3) 권모술수를 부리다 결국에는 모두 들통났다.
4) 폭죽의 아름다움은 불가형언이다.
5) 음악이 나오자 모두들 따라 불렀다.